万物
丛书 **HOW IT WORKS**

原来如此
85个科学问题

万物编辑部　编

机械工业出版社
CHINA MACHINE PRESS

我们都知道世界很大，每天世界上也会发生很多事情，这些事情中总有一些是超出人们想象、令人惊奇的，比如世界上为什么会有"骷髅海岸"？赤道本应是最热的地方，可是为什么亚热带比赤道还热？再比如现在的火车速度越来越快，可是每一次火车到站时都能准确地停在月台旁，火车司机是怎么做到的？声速很快，那跑得和声音一样快可能吗？本书一共列举了85个令人惊奇的事实，也许这里面有很多你一直想解开的谜底，一起打开看看吧！

图书在版编目（CIP）数据

原来如此：85个科学问题 / 万物编辑部编. -- 北京：机械工业出版社，2019.12（2024.4重印）
（万物丛书）
ISBN 978-7-111-64221-3

Ⅰ.①原… Ⅱ.①万… Ⅲ.①科学知识—青少年读物 Ⅳ.①Z228.2

中国版本图书馆CIP数据核字（2019）第266773号

机械工业出版社（北京市百万庄大街22号　邮政编码100037）
策划编辑：黄丽梅　　责任编辑：黄丽梅　韩沫言
责任校对：李　伟　责任印制：孙　炜
北京联兴盛业印刷股份有限公司印刷

2024年4月第1版第6次印刷
215mm×275mm・4印张・2插页・57千字
标准书号：ISBN 978-7-111-64221-3
定价：69.00元

电话服务　　　　　　　网络服务
客服电话：010-88361066　机　工　官　网：www.cmpbook.com
　　　　　010-88379833　机　工　官　博：weibo.com/cmp1952
　　　　　010-68326294　金　书　网：www.golden-book.com
封底无防伪标均为盗版　机工教育服务网：www.cmpedu.com

目录

自 然

- 004 世界上为什么会有"骷髅海岸"？
- 006 青蛙的生命周期有多长？
- 008 捕蝇草的捕食原理是什么？
- 009 什么是杀手植物？
- 010 土壤由什么构成？
- 010 撒哈拉沙漠的尘土怎样飞往地球的各个角落？
- 011 海龟和陆龟有什么区别？
- 011 加拿大的斑点湖是什么？
- 012 为什么亚热带比赤道更热？
- 012 松树的寿命有多长？
- 014 熊蜂产蜜吗？
- 014 鼠妇是什么？
- 015 企鹅的脚会冷吗？
- 015 鸡为什么有鸡冠？
- 016 人类导致了多少动物灭绝？
- 016 猫进化出拇指了吗？
- 017 两种可可的区别是什么？
- 017 头朝下的蝙蝠为什么不会掉下去？
- 018 虎鲸究竟是鲸还是海豚？
- 018 酸模叶子真的有助于缓解被荨麻刺中后的疼痛吗？

技 术

- 019 GPS 的工作原理是什么？
- 020 什么是机械植物？
- 020 海底采矿机器人是如何工作的？
- 021 Alexa 的工作原理是什么？
- 022 扬声器有着怎样的内部结构？
- 023 什么是降噪耳机？
- 024 多旋翼无人机如何起飞？
- 025 杀毒软件的工作原理是什么？
- 025 如何用电脑做笔记？
- 026 延时摄影的原理是什么？
- 026 无人机飞行大赛是什么？
- 028 电子产品在设计时会考虑何时损坏吗？
- 028 手机里的金属是什么？
- 029 什么是数据漫游？
- 029 电脑为什么使用二进制代码？
- 030 什么是垃圾岛？
- 031 清扫车的工作原理是什么？
- 031 赛车服如何保障车手安全？
- 032 鱼雷是怎么发射的？

科 学

- 033 烧烤背后的科学原理是什么？
- 034 生理学上的联觉是什么？
- 034 5 秒规则是真的吗？
- 035 生物膜是什么？
- 036 吐司为什么会烤焦？
- 037 什么是垃圾 DNA？
- 038 放射性定年法的科学原理是什么？
- 039 真的存在男性大脑或女性大脑吗？
- 040 烤面包的原理是什么？
- 041 回旋镖为什么能飞回来？
- 042 如何从生物学角度解释饥饿现象？
- 043 巨大的噪声会让你头痛吗？
- 043 为什么天气预报经常出错？
- 044 什么是肌肉痉挛？
- 045 荨麻疹跟压力有关吗？
- 045 为什么食物中加入盐和糖有助于保存？

太 空

- 046 什么是气象卫星？
- 047 什么是星座？
- 048 为什么在极紫外成像下的太阳看起来不一样了？
- 048 什么是费米悖论？
- 049 空间站的垃圾怎么处理？
- 049 火星未来会出现火星环吗？
- 050 太空中的天气是什么样的？
- 051 宇宙膨胀的速度到底有多快？
- 052 航天员如何训练？
- 053 脉冲星是什么？
- 053 在太空使用激光笔会发生什么？
- 054 登陆火星与登陆月球有什么区别？
- 054 为什么月球离我们越来越远？
- 054 人类如何回到过去？
- 055 航天服的工作原理是什么？

交通运输

- 056 动力冲浪板如何在水面移动？
- 057 波音 377 "同温层巡航者"的内部究竟什么样？
- 057 火车司机是怎么知道何时停车的？
- 058 垂直起降（VTOL）飞机的未来前景如何？
- 058 如果在空中打开飞机窗户会发生什么？
- 059 世界上现存最长的轮船有多大？
- 059 跑得和声音一样快，这可能吗？
- 060 什么是无气轮胎？
- 060 空气动力学的原理是什么？
- 061 汽车内的空调什么样？
- 062 我们是如何获得实时交通信息的？
- 062 什么是逆向操舵？
- 063 超级潜艇的工作原理是什么？
- 063 小轮车为什么这么小？
- 064 飞机可以更加环保吗？

原来如此：85个科学问题

世界上为什么会有"骷髅海岸"？

纳米比亚海岸上为什么有这么多船只残骸？

西非国家纳米比亚西北部海岸线上的沙漠里，遍布船只残骸及遇难船员的尸骨。之所以有这么多船只及船员在这里走向生命终点，原因就在于这个地区独特的气候条件。

— 沙漠中的船只残骸 —

骷髅海岸最著名的船只残骸，出现在远离大海的沙漠中。

移动的海岸线
随着时间推移，沙漠正缓慢地侵蚀海洋，不断将海岸线向西推移。

悲剧
德国货船爱德华·波林号于1909年在骷髅海岸搁浅。

◀ 骷髅海岸上随处可以看到搁浅的船只残骸。

自然

▲ 大象沿着沙漠河道行走，试图寻找食物和水源。

纳米布沙漠温暖干燥的空气与大西洋本格拉寒流交汇后，导致海面形成浓雾。能见度低，加上寒流的巨大力量，使得船只很难在纳米比亚暗藏危险的海岸线附近航行，最终导致众多船只搁浅。躲过事故的船员，又要为寻找食物和水而不得不穿越似乎永远也看不到边际的沙漠地带。

很多人悲惨地死于酷热，但并不是他们的遗骨使纳米比亚海岸获得了骷髅海岸的称号。这一地区过去常见的捕鲸及猎杀海豹造成了大量动物尸骨被冲上海岸，才是骷髅海岸名字的由来。在严酷的沙漠环境下，动物的尸骨并未完全腐烂，所以我们才能在人类的遗骨旁边看到动物的尸骨。

搁浅在陆地
如今，人们可以在距离海岸大约 500 米远、被沙漠环绕的地方找到船只残骸。

暴露在大自然中
在风力、沙土及咸湿的海洋空气的共同作用下，残骸逐渐被腐蚀。

原来如此：85个科学问题

青蛙的生命周期有多长？

一群细胞是如何变成跳跃的、呱呱叫的两栖动物的？

青蛙交配，便是新一代青蛙生命周期的开始。雄蛙在抱对（雌蛙在水中产卵时雄蛙抱对排精）时让雌蛙的卵子完成受精。一只雌蛙一次可以产下 3000~6000 枚卵子。

每个果冻般的受精卵里都有一个黑色的小点——正在发育的蝌蚪。受精卵发育成胚胎，胚胎在发育过程中从周围果冻般的外壁获取养分，蝌蚪发育出鳃及尾巴后就会完成孵化。孵化的具体时间视种类而定，通常为一周或一个月。刚孵化出来的蝌蚪将依靠蛙卵以及附着在蛙卵上的水藻提供养分。

接下来的几周，蝌蚪将快速地完成变形记。首先，小蝌蚪身体外部的鳃会消失，取而代之的是身体内部的鳃，而内部的鳃也会逐渐被发育出的肺取代。在发育成幼蛙的过程中，蝌蚪会先长出后腿。所谓幼蛙，是拥有成年蛙的外形同时保留了尾巴的青蛙发育阶段。最后发育的是前腿，蝌蚪的尾巴也会因为细胞凋亡而逐渐变短。

这时的小青蛙，就是它们父母的迷你版，身长只有 1 厘米。经过大约 16 周的发育，小青蛙可以离开水，可以呼吸空气，也可以靠吃昆虫生存了。

▼ 蝌蚪通常成群出现，有时它们也被称为蝌蚪群。

从蛙卵到成年青蛙

抱对→产卵→
青蛙是如何出生、如何成长的？

1 抱对
雄蛙用前腿紧紧抱住雌蛙腋下，蹲伏于其背上。

2 形成受精卵
产卵时，雌蛙排出卵子，随后由雄蛙完成受精。

3 胚胎
受精卵在膜内进行细胞分裂，发育成胚胎。我们经常在池塘表面看到的果冻状漂浮物就是胚胎。

7 成年青蛙
可以离开水的小青蛙不断成长。大约3年后，它们就具备了繁殖能力。

6 变形
在不同阶段，蝌蚪会逐渐长出成年青蛙的眼睛和前腿，尾巴逐渐消失。

5 幼蛙
随着蝌蚪不断发育成长，它们会保留尾巴，同时长出强有力的后腿。

4 蝌蚪
经过几周时间，发育出外部鳃和长尾巴的蝌蚪，完成孵化。

原来如此：85 个科学问题

捕蝇草的捕食原理是什么？

落在这种杀手植物上的昆虫还有生还的可能吗？

食肉的捕蝇草拥有独特的生理机制。带着刺毛、可折叠的叶片可以分泌出甘甜的花蜜，以此引诱猎物。

昆虫落在捕蝇草叶面上时，会触动上面的感觉毛。根据最新研究成果，一次只触动一根感觉毛不会引发什么后果，但在 20~30 秒内连续两次触动同一根感觉毛，或一次触动两根感觉毛，会导致叶片立刻闭合。昆虫挣扎时有可能触动第三根感觉毛，这会刺激捕蝇草的感觉细胞做好消化的准备。触动五根感觉毛时，捕蝇草就会分泌消化液。捕蝇草甚至能根据猎物的大小自行调节消化液的分泌量。

当昆虫落在捕蝇草的捕虫器上并触动感觉毛时，受到刺激的捕蝇草叶片会在瞬间合拢。叶片上巨大的刺毛将合在一起，阻断昆虫的逃生之路，所以昆虫根本没有生还的可能。消化液会溶解猎物身上柔软的部位，吸收其中的养分。捕捉到猎物的 5~12 天后，捕蝇草会再次打开捕虫器，排出猎物的骨架。

刺毛
叶片边缘的这些刺毛可以闭合交错在一起，防止猎物逃出捕虫器。

感觉毛
有昆虫落下时，叶片内敏感的感觉毛受到刺激后就会引发捕虫器闭合。

消化腺
叶片内部的消化腺可以分泌消化液，分解猎物身上柔软的部分，吸收其中的养分。

花蜜
捕蝇草的叶片可以分泌出甘甜的花蜜，吸引毫无戒备的猎物，这些猎物一般是昆虫或蜘蛛。

什么是杀手植物？

仅凭光合作用获取养分无法满足这些植物，
它们通过捕捉、杀死并吃掉活的猎物来获取更多的养分。

茅膏菜

茅膏菜属植物多达100多种，由于看起来总像沾有露水，这些茅膏菜通常也被称为"阳光露水"[一]。不过这些小液滴其实是黏稠的消化液，只要昆虫落在茅膏菜叶片上，这些消化液就会开始消化它们。

捕虫堇

这种植物用黏性的叶片捕捉昆虫。叶片上的黏稠物质实际上是黏液和消化液，一旦困住昆虫就会立刻开始消化。一部分捕虫堇属植物会在冬天进入休眠，停止捕虫活动。

猪笼草

这种植物会用具有吸引力的气味引诱昆虫，有时甚至能够引诱老鼠，进入它形如瓶状的叶子中。一旦被困住，猎物会被瓶状叶子中的液体淹死，接着被消化液分解，让猪笼草吸收生存必需的重要养分。

瓶子草

和猪笼草一样，瓶子草也有瓶状的叶子。被瓶子草的颜色及甜美的气味吸引的昆虫来到瓶子草的边缘后通常都会落入其中，因为瓶子草的边缘非常光滑。由于瓶子草的内壁光滑且陡峭，落入其中的昆虫没有逃生的可能。

捕蝇草

当昆虫或蛛形纲动物碰到捕蝇草叶片内一根以上的细小感觉毛时，就会引发这种植物非常暴力的反应。夹子状的叶片会立刻合上，将猎物困在其中。捕蝇草随后分泌消化液，分解吸收猎物，叶片重新打开可能需要数天时间。

[一] 露水的英文是dew，茅膏菜的英文单词是sundew。——译者注

土壤由什么构成？

作为地球最重要的自然资源之一，土壤究竟是由什么构成的？

简单说，土壤就是粉碎的矿物质与腐烂的有机物（比如森林冠盖的落叶等）组成的沙砾状混合物。经过生活在其中的虫子的搅动，这些原始成分最终实现了完全混合。

土壤中零碎的石头，除了来自深埋在地下的基岩，也有其他来源，比如来自河流或冰川移动等外力带来的岩石、碎石。

不同土壤一般含有不同种类及含量的矿物质。黏土土质稠密，但富含营养物质；砂土重量轻且干燥，酸性相对较高；淤泥非常肥沃，湿度较大；壤土均衡地混合了黏土、砂土和淤泥，泥炭土则含有丰富的有机物，而包含碳酸钙的白垩土碱性极大。

随着时间推移，不同种类的土壤会一层一层地叠加起来，形成所谓的"土层"。根据所在位置，这些土层通常包含处于不同腐烂阶段的有机物。

▼ 包含的有机物或腐殖质越多，土壤颜色就会越深。

撒哈拉沙漠的尘土怎样飞往地球的各个角落？

揭开撒哈拉尘土飞往世界各地的秘密。

撒哈拉尘土是撒哈拉沙漠的灰尘与沙土的混合物。强风吹过沙漠时，这些混合物被卷上天空形成云朵，这些云朵可以升到不可思议的高度。接下来，大气上层的风将这些云朵——撒哈拉尘土——吹向世界各地。

在风力的作用下，这些尘土可以飞行数千千米，横跨大陆与海洋，最终落在另一片大陆的土地上。

▼ 飓风奥菲利亚带着撒哈拉沙漠的尘土飘向世界各地。

海龟和陆龟有什么区别？

海龟和陆龟看起来确实很像，可实际上它们之间有很多不同。

陆龟和海龟最明显的区别是它们的栖息地：陆龟生活在陆地，而大部分海龟生活在水中或者水体附近。海龟的龟壳更轻也更平滑，这有利于防止海龟沉入水底，海龟流线形的龟壳也有助于它们游泳。而陆龟的龟壳更大、更沉，呈圆顶状，以此保护自身免受掠食者的伤害。海龟拥有蹼足，可加快游泳速度。而陆龟的脚短而粗，有助于它们翻越不同地形。

▼ 陆龟的龟壳更大、更沉。

加拿大的斑点湖是什么？

被群山和森林环抱的斑点湖是大自然的杰作。

加拿大不列颠哥伦比亚省奥索尤斯镇附近有一个仿佛手工绘制出的、有着众多斑点的湖泊。每年夏天，当高温导致湖中的浅水蒸发时，就会出现这种神奇的自然现象。

斑点湖占地约16公顷，让这个湖泊得名的"斑点"，其实是湖中丰富的矿物质（比如钙、硫酸钠、硫酸镁以及银和钛）在水蒸发后结晶后形成的许多镶白色边界线的浅池。绿色和蓝色的浅池装点着这片湖泊，整个夏天，随着矿物质不断结晶，这些斑点的颜色和形状也会发生改变。湖中的水蒸发后就会露出湖底，这就成为走向斑点湖中的天然人行道。

不过普通游客是不可能步行通过斑点湖的，因为这片区域属于奥肯纳根部落。对于奥肯纳根部落的印第安原住民来说，被他们称为Kliluk的斑点湖具有特别的宗教和历史意义。2001年，斑点湖由私人买下，使其得到保护而免于被开发。

▼ 斑点湖的湖水颜色在一年内会不断变化，无论何时都能看到漂亮的斑点。

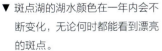

原来如此：85 个科学问题

为什么亚热带比赤道更热？

显著气温差别的背后是复杂的气候模式。

赤道与地球的北极和南极之间的距离相等，因此赤道的纬度为 0°。环绕在赤道周围的是热带地区；北回归线位于赤道北部，南回归线位于赤道南部。阳光照射在赤道上会带来上升气流，由此形成的云层和雷暴可以让气温下降好几摄氏度。位于赤道南北纬 20°~40° 的亚热带地区的气候环境更加稳定，云量相对较少，因此这一地区比赤道更热，气候也更干燥。

▼ 地球上最热的一些地方位于亚热带，包括美国的死亡谷和伊朗的卢特沙漠。

松树的寿命有多长？

小小的种子如何长成耐寒的巨树？

从北美的茫茫雪山到欧洲的广阔平原，我们可以在不同的地区看到面积广阔的松树林。这种耐寒的常青树可以生长在其他植物无法生存的环境中，它们喜欢高纬度地区的酸性较高的沙土及岩石区域。

如果能接触到充足的阳光，松树可以长到 80 米，还能存活数百年。美国加利福尼亚的一棵狐尾松据称已存活了约 4800 年，是地球上最古老的一棵树。不过大部分松树早在达到这个"年龄"前就被砍倒了。

尽管松树属于北半球温带的原生植物，但也有一些品种作为高价值的木材资源被引入南半球。那些没有被加工成模板或家具的小松树通常会被运往世界各地，成为普通人家的圣诞节装饰物。为了做成圣诞树，全球每年要种下超过 7700 万棵松树，而这些松树需要 6~8 年时间才能长到做圣诞树的理想高度。如果保持自然生长，松树的树干可以长得又细又高，这和我们用金属丝及彩灯装饰的圣诞树完全不一样。松树靠球果繁殖，每棵松树雌雄同株，当年受精，第二年球果成熟，可以繁育下一代。

▼ 当松鼠为储存冬天的食物而将松果埋进土中时，它们实际上也散播了松树的种子。

自 然

从小小的松果到参天大树

让我们一起来看看松树的发育过程。

1 雄性与雌性
成年松树为雌雄同株,这意味着一棵松树同时具有雄性和雌性的生殖结构,即孢子叶球。

2 小孢子叶球
小孢子叶球在松树底部形成,其中包含的小孢子母细胞最终可长成花粉。

3 释放花粉
春天时,小孢子叶球会在释放花粉后落到地上。

4 大孢子叶球
花粉被风吹到生长在松树树枝顶部的大孢子叶球上。

5 传粉
花粉落在大孢子叶球上后会萌发花粉管进入胚珠为卵子授粉。

6 授粉
松树完成授粉需要大约一年时间,在这段时间里孢子叶球会发育成木质的松果。

7 松果
成熟后,木质松果会自动裂开,使得位于松果底部的种子暴露在空气中。

8 萌芽
在动物或风力作用下松树的种子四散开来,如果外部条件适宜,种子开始发芽,并逐渐长成幼苗。

013

熊蜂产蜜吗?

熊蜂能像它们的亲戚蜜蜂一样产蜜吗?

和蜜蜂相比,熊蜂体型更大、更圆,发出的声音也更大。两种蜂均在植物及农作物的授粉环节起关键作用,它们也都能收集花蜜产出蜂蜜。不过蜜蜂产蜜所需的时间长,产量也大;而熊蜂产出的则是相对简单的"蜂蜜",产量较小。蜂王储存在蜂蜡中的就是工蜂采集到的花蜜,蜂王用这些花蜜为自己和下一代蜜蜂提供食物。熊蜂利用花蜜产出的,某种程度上也可以说是蜂蜜,但它的味道肯定不像我们平常吃的蜂蜜那么香甜!

▼ 与生活在规模庞大、组织严密的蜂巢中的蜜蜂不同,熊蜂通常生活在较小的蜂巢中。

鼠妇是什么?

这种长有坚硬外壳的小虫子远比我们想象的复杂。

以后在花园翻动石块、看到下面快速爬走的鼠妇时,记住,这些小东西属于甲壳纲动物!它们更接近螃蟹和龙虾,而非蚂蚁与蜘蛛。虽然鼠妇生活在陆地,但它们与水生近亲的一个共同点,就是都用鳃呼吸。

鼠妇喜欢潮湿、阴暗的地方,那里有足够腐烂的物质供它们食用。鼠妇拥有坚硬的外骨骼,这让它们在遇到危险时可以缩成一团(由此得名"球潮虫")。在生长过程中,鼠妇需要蜕皮。蜕皮的过程分为两个阶段:后部先蜕,前部再蜕,这也是鼠妇的身体可能呈现两种颜色的原因。

拥有14条腿的鼠妇在身体后部还有两条尾足。尾足的作用是获取水分,鼠妇利用尾足中的管子将水吸进肛门。某些种类的鼠妇还可以用尾足分泌具有防御作用的物质。所有废弃物以氨气的形式从鼠妇外骨骼的缝隙中排出,鼠妇从不尿尿!

▼ 鼠妇对重金属的耐受度极高,它们可以被用作测试污染的生物指示物。

企鹅的脚会冷吗？

南极那么寒冷，生活在那里的企鹅，它们的脚会被冻僵吗？

企鹅的脚也会冷，这是真的。但由于与人类的构造不同，企鹅的脚在很冷的情况下仍然可以正常活动。这是因为企鹅身体中附着在肌肉上、连接脚踝和趾骨的肌腱，位于它们身体中温度较高的部位。所以虽然脚冷，但控制脚运动的肌肉仍然拥有正常体温。当外界温度显著下降时，企鹅的羽毛及身体的脂肪层会自动保护它们的脚不至于被冻僵。企鹅的逆流热交换系统也会自动适应外部环境，确保脚不会被冻僵，保证正常行走。

▼ 尽管脚也会冷，但企鹅仍然可以正常行走。

鸡为什么有鸡冠？

鸡头上那个肉感十足的东西到底有什么作用？

实际上，鸡冠的作用是降温。鸡不能出汗，所以当体温过高时，血液就会涌向头顶的鸡冠快速散热，使血液降温。鸡冠也能很好地反映鸡的健康状况：正常情况下鸡冠是亮红色的，颜色发白或者变暗意味着鸡可能生病了。鸡冠的颜色、形状和大小因品种不同而各不相同，但公鸡的鸡冠通常比母鸡的鸡冠更大。鸡冠在鸡的交配过程中也能起到作用：健康的鸡冠更有吸引力，也是鸡做好了交配准备的信号。

◀ 这只公鸡状态极好的鸡冠不仅可以帮助它降低体温，也能证明它有极好的身体状态。

人类导致了多少动物灭绝？

人类的活动究竟造成了多少灾难？

我们很难找出一个精确的数字回答这个问题，但人类对大自然的影响可能比任何种类的动物造成的影响都要大。在地球上，没有任何一种动物能像人类一样改变自然环境，而人类的活动又对若干种动植物造成了一系列影响。根据 2014 年发表的一篇论文，人类的存在导致动植物灭绝率翻了 1000 倍。以英国为例，几千年前，英国的土地上有着茂密的森林，里面生活着熊、狼和猞猁，甚至还有毛茸茸的猛犸象。后来人类砍倒大树，猎杀动物，将自然地貌变成了钢筋水泥。

◀ 獾和狐狸是英国现存的体型最大的食肉动物。

猫进化出拇指了吗？

不久的将来，我们能和宠物握手吗？

一般来说，猫的前爪有 5 个趾头，后爪只有 4 个趾头。然而，某些猫一只爪子或多只爪子上最多能长出 8 个趾头。这种遗传突变学名为多趾畸形，在猫身上是常见现象。尽管多出来的趾头能让猫的前爪具有更好的抓力，可由于相对应的另一只爪子上没有长出同样的趾头，所以没有证据证明多趾畸形意味着猫正在进化出拇指。吉尼斯世界纪录中拥有最多趾头的猫来自加拿大的安大略省，这只猫每只爪子上都长了 7 个趾头，总共有 28 个趾头。

◀ 猫多长的趾头很可爱，可由于非对生，所以这并不是拇指。

两种可可的区别是什么？

你知道你喜欢的巧克力甜点是用什么做成的吗？

▼ 我们可以从可可树的豆荚中提取可可豆。

两种可可（cocoa 和 cacao）的来源相同，均来自可可豆，也就是可可树的种子。这两种可可的区别在于加工方式不同。可可豆收获后会被放在低温环境中发酵，这个过程会导致可可豆外部的白色脂肪物质——cacao 脂融化流失。可可豆经过干燥、去壳后剩下的是生的 cacao 碎豆，cacao 碎豆可以研磨成 cacao 粉。cacao 碎豆也可以在高温下烘烤，研磨成 cocoa 浆，cocoa 浆经过压缩提取 cocoa 脂后，要么被研磨成 cocoa 粉，要么和 cocoa 脂一起制成巧克力。烘烤炒制 cacao 能散发出甜味以及 cocoa 特有的味道，但这个过程会降低可可的营养价值。

简而言之，cacao 是生可可，加工过程没有涉及高温。cocoa 是高温烘焙出来的产品，我们平时喜欢的巧克力甜点基本上都是用 cocoa 做成的。

头朝下的蝙蝠为什么不会掉下去？

它们如何保持头朝下的姿势？

蝙蝠的腿可以旋转180度，所以它们的腿在我们看来是向后弯曲的。同时，蝙蝠脚趾中的特殊肌腱也能保持向后弯曲，这样它们无需耗费任何力量就能保持悬挂姿势，而且只需要松开脚趾它们就能飞行。不可思议的是，蝙蝠体内的这些肌腱极为坚韧，甚至能让蝙蝠在死后仍然保持倒挂的姿势。由于蝙蝠体型很小，所以和人类不同，头朝下悬挂并不会对它们的血液流动产生影响。它们不会头晕，而且保持头朝下的姿势意味着蝙蝠可以栖息在其他动物无法生活的地方。

◀ 菊头蝠总是栖息在山洞里。

原来如此：85个科学问题

虎鲸究竟是鲸还是海豚？

鲸和海豚之间有什么样的关系？

虎鲸也称逆戟鲸、杀手鲸，但亲缘关系却和海豚更近，在科学分类中属于海豚科，是海豚家族中体型最大的成员。我们一般说的海豚和鲸其实是近亲，在科学分类中均属于鲸目。可能因为外表相似，所以人们平常称呼的名字会和科学分类有所出入，会把属于海豚科的动物叫成"鲸"，也会把不属于海豚科的鲸叫"海豚"，比如鼠海豚。

地球上存在很多数量不等的虎鲸群，每个种群都展现出了不同的形态、行为与饮食结构。其中一些种群与其他种群几千年以来始终没有过杂交繁殖，这样的虎鲸也会被看作不同的种类或者亚种。

和其他31个近亲一样，虎鲸属于海豚科动物。

酸模叶子真的有助于缓解被荨麻刺中后的疼痛吗？

揭开经典疗法背后的真相。

▼ 没有科学证据证明酸模叶子含有可以止痛的化学物质。

拨开荨麻时，荨麻叶片上细小的刺针会刺穿皮肤，将各种能导致刺痛感的化学物质注入人的身体。发生这种情况时，很多人会立刻在周围寻找酸模叶子，声称用这种叶子擦拭伤口能缓解疼痛。然而，没有人知道为什么酸模叶子能缓解疼痛。有人说酸模叶子的汁为碱性，可以中和荨麻中的甲酸，可实际上酸模叶子的汁也是酸性的。还有人说酸模叶子中包含天然的抗组胺药，可以对抗荨麻中造成痛感的组胺，但目前没有科学证据能够证明这个观点。因此，人们目前达成的共识是，酸模叶子只能起到安慰剂的作用。

GPS 的工作原理是什么？

为什么它们飞在天上却能知道地面的一切？

目前，共有 31 颗全球定位系统（GPS）卫星围绕地球飞行，向全球的 GPS 设备发送信息。无论是利用导航设备搜索附近的停车场还是追踪走失的宠物，背后都有着相同的科学原理。

宠物身上的 GPS 追踪器接收的信号来自上面提到的 GPS 卫星中的至少 3 颗，这样才能准确定位目标所在的位置。接收器通过截取卫星发出的信号，计算信号抵达接收器的时间，以此完成定位。由于卫星发出的信号永远以光速运动，所以 GPS 系统甚至可以算出每一颗卫星和宠物之间的距离。

确定接收器的精准位置，需要通过三角测距法完成。假设宠物的追踪器接收来自 3 颗卫星的信号，GPS 接收器可以测算每颗卫星的距离，但无法确定每个信号的来源方向。比方说，一颗卫星距离追踪器 20000 千米，那么追踪器可能位于该卫星半径 20000 千米的球形区域的任何位置。这也正是 GPS 导航中需要多个卫星协同合作的原因；3 颗或更多卫星的球形区域相交，根据交点就能由追踪器确定宠物的具体位置。追踪器接收的

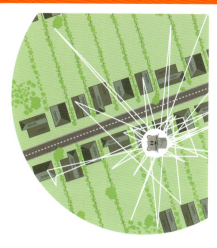

▲ 我们以为自己的宠物猫是个小懒虫，但 GPS 追踪器证明它其实很活跃。

卫星信号越多，测算的位置就越精准。

随着技术越来越复杂，GPS 接收器可以储存更多细节更完备的地图。假如你的宠物带有 GPS 追踪器，你就能追踪它们走过的每一条路、每一片土地或者走进的每一栋建筑。

什么是机械植物?

一朵漂亮的玫瑰,如何变成一个可控的电路?

假如养活室内植物让你焦头烂额,那么有一棵能在需要浇水时自动发出提醒的植物就非常有吸引力了。在瑞典研究人员的努力下,这个概念越来越接近成为现实。

瑞典林雪平大学的研究团队创造了第一款电子植物,他们表示,通过测量各种分子的浓度,为监测、调节植物生长过程创造了可能性。同时,他们还可以通过植物光合作用产生能够储存在能量细胞里的能量。

为了创造机械玫瑰,研究人员使用了名为 PEDOT-S 的合成聚合物。这种聚合物可以通过毛细作用从植物茎部提取,而植物正是通过毛细作用吸收水分的。进入植物后,聚合物会变成可以传导电子信号的细丝,同时也能留出足够空间供水分和营养物质通过,保证植物存活。通过在传导细丝的两端放置电极,研究团队创造出了晶体管,也就是电路的电子开关。

▼ 研究人员已经在植物中创造出了电化学细胞,它可以改变叶子的颜色。

海底采矿机器人是如何工作的?

这种神奇的深海机器可以从海底开采价值极高的矿石。

作为海底下方炙热、富含矿物质液体的出口,深海热泉是包括铜、镍、银和金在内的宝贵矿物质的重要来源。可由于深海热泉位于海平面以下数百米的位置,如何获得这些抢手资源就成了一个棘手的难题。正因如此,总部位于加拿大多伦多的鹦鹉螺矿业公司正计划部署一个机器人团队,或许可以使用海底生产工具完成这项艰难的工作。

首先,辅助切割机会铲平海底矿床,让其他机器获得一个开阔平缓的工作区间。随后,主切割机使用转筒切刀将矿石与海底矿床分离。在浑浊的海水中,收集器负责收集矿石。这种机器可以将矿石与海水组成的泥浆通过一个管道送至升降系统,升降系统又会将泥浆抽至海面上的工作船。泥浆在工作船上被提取出矿石,剩余部分经泵加压后送回海底。

◀ 在海底工作的计算机中也包含风扇和散热片,以此散热,保证机器不会温度过高。

Alexa 的工作原理是什么？

深入了解亚马逊出品的为家庭生活带来颠覆性变革的神奇电子助手。

亚马逊公司出品的虚拟私人助手 Alexa，希望抗衡现实生活中能力最强的个人助手。包括 Echo 组件在内的设备，以及一系列协同合作的扬声器及感应器，均由 Alexa 集中控制。此外，这套设备配有 7 个麦克风，还使用了波束形成技术，以此捕捉出现在房间内任何地方的人声。使用者只需在说出"Alexa"后提出要求，整套设备就会对要求做出回应。Alexa 可能确认使用者提出的要求，也有可能在完成任务前为使用者提供更多信息。

Alexa 效应

Alexa 究竟是怎么神奇地完成各种工作的？

1 说出"Alexa"
只需说出"Alexa"这个名字就能唤醒 Echo，Alexa 随后开始聆听用户的要求。

2 录音
Echo 有 7 个收音能力极强的麦克风可以录下来自房间各个位置的声音。

3 Alexa 语音服务
通过互联网，Alexa 会把录音发送到亚马逊的云端，随后对用户的要求做出分析。

4 启动"技能"
用户要求的特定"技能"被启动，相关数据被发送回 Echo。

5 Alexa 回复
Alexa 告知用户要求已经完成，用户随后就能从扬声器中听到音乐或信息。

6 Alexa 应用程序
手机或平板电脑上的 Alexa 应用程序也会显示用户要求的信息。

了解 Alexa 大家庭

改变家庭娱乐系统的尖端科技

1 Tap
作为 Alexa 控制的便携蓝牙扬声器，Tap 可以播放使用者手机或平板电脑上的音乐，连接 Wi-Fi 时也会与 Alexa 连接在一起。

2 Fire TV
亚马逊的 Fire TV 可以接入电视，播放数字媒体内容。遥控器上有一个按键，按下后可以与 Alexa 对话。

3 Echo
Echo 是一款互动型扬声器及智能家庭基站，与 Alexa 连接后可以播放音乐、新闻并提供信息。

4 Echo Dot
Echo Dot 和 Echo 类似，都是多功能扬声器。但 Echo Dot 更新，而且与 Alexa 连接后可以使用已有音响系统。

原来如此：85个科学问题

扬声器有着怎样的内部结构？

扬声器是如何发出声音的？

最简单的扬声器，就是使用一块电磁铁让锥形薄膜振动从而发出声音。在扬声器内部，活动的电磁铁位于一块固定位置的普通磁铁前端。电流通过电磁铁的线圈时，磁场的方向会立刻发生改变。这导致电磁铁会不断被普通磁铁排斥、吸引，从而让锥形薄膜振动。薄膜振动导致周围的空气分子不断运动，形成了能够传进人耳的声波。

扬声器的音高取决于振动的频率，音量大小则由振幅决定。有些扬声器使用多个大小不一的锥形薄膜，以此复制音乐中的不同振动频率。

▼ 不论大小，所有扬声器均使用电磁原理输出声波。

～ 拆解 JBL 扬声器 ～

看看能够帮助我们清晰地听到音乐的关键部件。

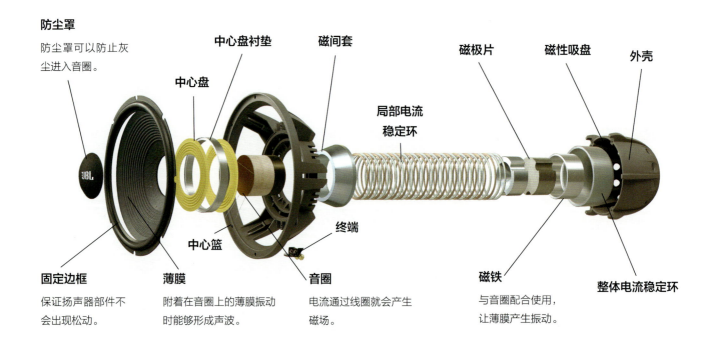

防尘罩 防尘罩可以防止灰尘进入音圈。

中心盘

中心盘衬垫

磁间套

磁极片

磁性吸盘

外壳

局部电流稳定环

终端

固定边框 保证扬声器部件不会出现松动。

薄膜 附着在音圈上的薄膜振动时能够形成声波。

中心篮

音圈 电流通过线圈就会产生磁场。

磁铁 与音圈配合使用，让薄膜产生振动。

整体电流稳定环

什么是降噪耳机？

降噪耳机如何减少周围环境的声音？

▼ 主动降噪耳机最多可以屏蔽 70% 的背景噪声。

　　降噪耳机能够减少周围环境的噪声。主动降噪耳机除了使用特殊材料，甚至还能更进一步——制造特定的声波。耳机内的一个小麦克风能够侦测到周围的声音，还可以将侦测到的声音传输给一个电子处理器，后者将会分析声音的构成。而后，处理器制造出与分析出的声音正好相反的另一种声音。这种"反声波"与背景噪声有着相同大小的波峰与波谷，但波峰波谷的位置正好相反。

　　耳机中的一个小扬声器可以播放这种反声波，利用相消干涉现象主动屏蔽周围声音。两种声波重叠后归零，从而最大程度减少外界的声音。

主动降噪

降噪耳机如何听见、分析并屏蔽不受欢迎的声音？

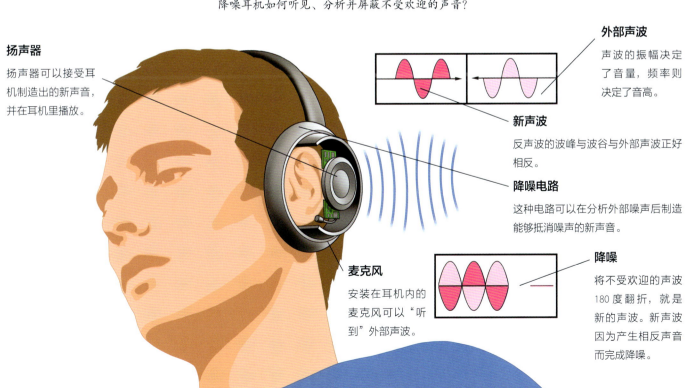

扬声器
扬声器可以接受耳机制造出的新声音，并在耳机里播放。

麦克风
安装在耳机内的麦克风可以"听到"外部声波。

外部声波
声波的振幅决定了音量，频率则决定了音高。

新声波
反声波的波峰与波谷与外部声波正好相反。

降噪电路
这种电路可以在分析外部噪声后制造能够抵消噪声的新声音。

降噪
将不受欢迎的声波180度翻折，就是新的声波。新声波因为产生相反声音而完成降噪。

原来如此：85个科学问题

多旋翼无人机如何起飞?

让无人机飞上天空的科技究竟是什么?

▼ 多旋翼无人机通常拥有偶数个螺旋桨；四轴无人机的螺旋桨数量为4个。

无人机的形状、大小各不相同，其中既有军用的超大无人机，也有普通人就可以操控的民用无人机。尽管所有无人机都是远程操控的，但不同无人机升空的具体方法却有着显著区别。

那些像普通飞机一样起飞的无人机使用发动机或垂直螺旋桨制造推力，推动无人机向前移动，促使空气快速经过机翼。机翼的曲线能让空气发生偏移，导致机翼上方和下方出现不同的气压。随着机翼下方的气压升高，就能产生使无人机起飞的升力。

无人机起飞时不需要跑道。它们使用发动机或水平螺旋桨，直接产生向下的推力，从而提供让无人机升空的动力。大部分多旋翼无人机偏爱这种起飞方式。

这种小飞行器装备4个或更多水平螺旋桨，从而产生更大推力，让无人机在空中保持盘旋。无人机的螺旋桨会朝相反方向转动，以防飞机在空中失控。特定螺旋桨通过加速或减速还能改变无人机的飞行方向。

拆解无人机

哪些零部件能让多旋翼无人机飞上天空?

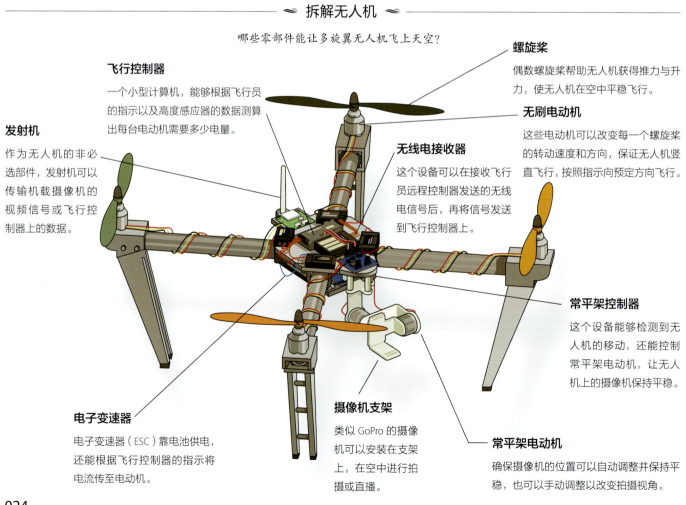

飞行控制器
一个小型计算机，能够根据飞行员的指示以及高度感应器的数据测算出每台电动机需要多少电量。

螺旋桨
偶数螺旋桨帮助无人机获得推力与升力，使无人机在空中平稳飞行。

发射机
作为无人机的非必选部件，发射机可以传输机载摄像机的视频信号或飞行控制器上的数据。

无线电接收器
这个设备可以在接收飞行员远程控制器发送的无线电信号后，再将信号发送到飞行控制器上。

无刷电动机
这些电动机可以改变每一个螺旋桨的转动速度和方向，保证无人机竖直飞行，按照指示向预定方向飞行。

常平架控制器
这个设备能够检测到无人机的移动，还能控制常平架电动机，让无人机上的摄像机保持平稳。

电子变速器
电子变速器（ESC）靠电池供电，还能根据飞行控制器的指示将电流传至电动机。

摄像机支架
类似GoPro的摄像机可以安装在支架上，在空中进行拍摄或直播。

常平架电动机
确保摄像机的位置可以自动调整并保持平稳，也可以手动调整以改变拍摄视角。

杀毒软件的工作原理是什么？

电脑如何免受恶意威胁的攻击？

一般来说，杀毒软件的工作内容分为两部分。首先是确定病毒威胁，其次是杀毒。确定病毒威胁的主要方法，就是将用户电脑上出现的状况与病毒"辞典"进行对比，并在出现吻合时做出反应。由于新型病毒层出不穷，病毒库也需要定期更新。不过杀毒软件也会寻找行为可疑的电脑活动，因此它们也会提醒用户不在病毒库中的疑似病毒。杀毒软件不间断运行，既可以在电脑有活动时进行检查，也可以扫描电脑中的文件。根据病毒被检查出来的方式，杀毒软件可能提醒用户不要使用受干扰的软件，也可能在用户点击网页前做出提醒，或者在文档被感染时做隔离或杀毒处理。

▲ 杀毒软件需要应对层出不穷的新型病毒。

如何用电脑做笔记？

用能与电脑对话的笔跟未来的笔记技术打个招呼吧！

数码笔利用和光电鼠标同样的技术，来解析我们在纸上写下的内容并转化到数字平台，而这一技术将永远改变我们记笔记的方式。一个 LED 灯接收器可以追踪数码笔的移动轨迹（需要使用某种型号的可兼容数码纸），这些数据可以上传到电脑，用户可以看到手写笔记的电子版本。有些型号的数码纸只能将手写版本转变为电子文档，另有其他型号的数码纸则可以将手写笔记转变为更加便利的 txt 文档。

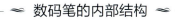

数码笔的内部结构

帮助用户告别打字机的手写硬件。

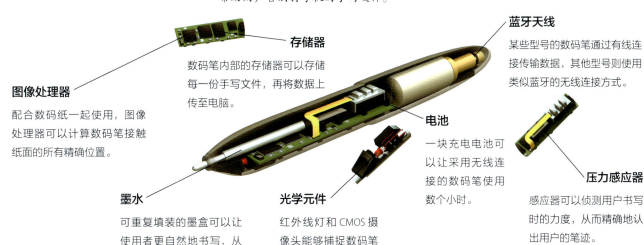

存储器
数码笔内部的存储器可以存储每一份手写文件，再将数据上传至电脑。

蓝牙天线
某些型号的数码笔通过有线连接传输数据，其他型号则使用类似蓝牙的无线连接方式。

图像处理器
配合数码纸一起使用，图像处理器可以计算数码笔接触纸面的所有精确位置。

电池
一块充电电池可以让采用无线连接的数码笔使用数个小时。

压力感应器
感应器可以侦测用户书写时的力度，从而精确地认出用户的笔迹。

墨水
可重复填装的墨盒可以让使用者更自然地书写，从而获得最佳使用体验。

光学元件
红外线灯和 CMOS 摄像头能够捕捉数码笔的移动轨迹。

原来如此：85个科学问题

延时摄影的原理是什么？

如何观察并记录转瞬即逝的世界？

以固定间隔抓拍一系列照片，延时摄影最终让时间加速，让人们可以在几分钟的视频里就能看到一天时间的流逝。

延时摄影技术的基本原理就是场景移动得越快，每张照片的拍摄间隔就会越短，反之亦然。视频最终的时长需要拍摄者进行一定的计算。如果照片拍摄间隔为3秒，且每秒拍摄张数为25张，想要制作一段1分钟的视频，你需要在1小时15分钟里拍摄1500张照片。自动"曝光定时器"可以在固定间隔抓拍新的照片，这意味着拍摄者无需守在照相机旁，每隔数秒按下快门。

▼ 延时摄影可以用一张照片展现整整一天的变化。

无人机飞行大赛是什么？

这种全新赛事可以检验四轴无人机飞行员的驾驶水平。

以130千米的时速呼啸而过，飞过狭长的通道，在拐角处急转弯，这可不是普通的四轴无人机飞行训练。在职业无人机飞行大赛中，飞行员总是要接受极限挑战，测试他们在地球上最复杂的环境中驾驶无人机的能力。

同类赛事中规模最大的就是无人机竞速联盟（DRL）举办的全球挑战赛。全世界最顶尖的无人机飞行员聚集在一起，不仅为了争夺奖金，更重要的是争夺世界冠军头衔。这项赛事好比赛车世界的F1，选手需要在世界各地的巨大体育馆及废弃建筑内进行比赛。公平起见，所有参赛的飞行员都要驾驶同一型号的无人机 DRL Racer 2。每场比赛，飞行员通过驾驶无人机飞过检查点，在规定时间内飞完全部路程得到一定分数。所有比赛结束后，总分最高的飞行员就是冠军。

▼ 每场比赛所有无人机竞速联盟的飞行员都有众多 DRL Racer 2 无人机备用。

技 术

为速度而生

定制的 DRL Racer 2 无人机通过远程控制器控制，控制器可以通过无线电将信号发送至无人机。无人机竞速联盟获得专利权的全新无线电技术可以保证信号不会丢失，即便无人机在通道或地下飞出视野，飞行员也始终能够控制机器。装配在无人机上的高清摄像机同样可以通过无线电连接，并向佩戴专用眼镜的飞行员进行视频直播，飞行员身在驾驶舱一样能够看到无人机面前的景象。

无人机本身由轻质碳纤维制成，机体重量只有约 800 克，最高时速可达 130 千米。100 个彩色 LED 灯保证每一架无人机可以被轻松辨认的同时拥有足够亮度，让几百米外的观众也能清楚地看到它们的飞行轨迹。每飞完一圈，飞行员会换上另一架充好电的无人机，以确保无人机拥有足够电力完成比赛。

地狱之门

这个废弃的发电厂是最有难度的无人机挑战赛路线。

1 各就各位，预备，开始
通过起跑线后，无人机需要飞过一个 68 米长的通道，随后向左急转弯，以防撞上围墙。

2 大教堂结构
飞过二层后，无人机需要完成垂直 U 形弯，下落至大教堂结构的一层。

3 小巷
参赛选手需要在铁质横梁间穿梭，飞出窗户后迅速转弯，进入外部通道。

4 转弯
飞过建筑物背面后，无人机将绕过一根柱子，从另一扇窗户飞回建筑物中。

5 煤仓
在通道尽头，无人机需要急速下落至地下室，再完成 180 度转弯。

6 终点线
一圈赛道总长为 1 千米，飞过两圈后，无人机就会抵达位于地下室通道尽头的终点线。

原来如此：85个科学问题

电子产品在设计时会考虑何时损坏吗？

我们的电子设备经过一段时间是否都会出现故障？

很多电子产品的使用寿命都设计得非常短。某些时候是因为使用寿命设计得长会让产品的价格很高，但大多数时候使用寿命短都是有意设计的。制造商特意使用容易磨损或损坏的原料，使得维护保养难度变大，或者让设计电路在高温下逐渐降解。理想状态下，保修期刚过，产品就会出现故障。

◀ 把电子产品设计得容易损坏的策略，叫计划报废。

手机里的金属是什么？

你知道手持设备中隐藏的宝藏吗？

一部普通的智能手机可能包含多达62种金属，其中包括贵金属与高价金属。一部手机最高有15%的重量来自铜，铜一般用于制造在零部件之间传导电流的金属线。之所以使用铜，是因为其阻力小且相对较软。

金的价格约是铜的600倍，但阻力略高于铜。不过由于不易被氧化，手机电路板上的某些连接也需要使用金。但金的焊接难度比较大，因为金会溶解于电子产业中经常使用的锡银铜焊接合金。金的焊点需要使用特殊的铟锡焊接合金，或者直接靠高温或超声能量与其他电路相连。

一部智能手机通常只含有40毫克钽金属，但这种金属在手机的微型化过程中起到了关键作用。钽金属可以制成功能强大的电容器，其中可以储存电流，体积和普通电解电容器相比也非常小。

～ 手机金属图 ～
为什么手机需要这么多不同的金属？

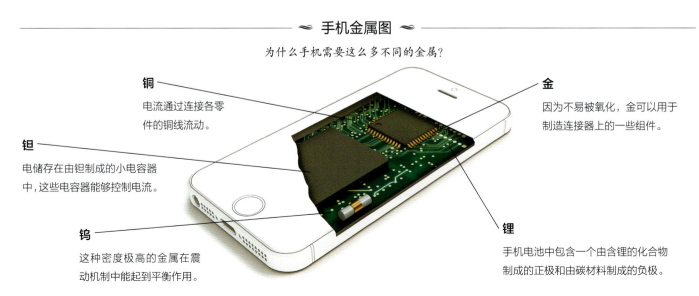

铜 — 电流通过连接各零件的铜线流动。

钽 — 电储存在由钽制成的小电容器中，这些电容器能够控制电流。

钨 — 这种密度极高的金属在震动机制中能起到平衡作用。

金 — 因为不易被氧化，金可以用于制造连接器上的一些组件。

锂 — 手机电池中包含一个由含锂的化合物制成的正极和由碳材料制成的负极。

什么是数据漫游?

出国导致电话费暴涨的原因究竟是什么?

出国时想用手机上网,但你在国内使用的手机网络却无法覆盖到国外。国内的移动运营商需要与国外的公司达成协议,好让自己的用户以客人身份在国外连接其他网络。当你抵达另一个国家时,当地移动网络能够识别你的手机为合作伙伴的用户,从而通过他们的系统将你的手机连接到互联网。

◀ 数据漫游可以让你身在国外也能用智能手机上网。

电脑为什么使用二进制代码?

电子语言的工作原理是什么?

二进制代码指的是只用1和0两个数字显示数字或指令的方式,这是计算机使用的语言。使用二进制代码的原因在于,计算机的芯片中含有数以亿计的电子开关,也就是晶体管。和其他开关一样,这些晶体管包含"开"或"关"两种设置,换一种说法就是,1或0。所以从根本上说,计算机内部的电子元件只能理解二进制代码。你在计算机上所做的一切都需要转换成二进制代码,才能由计算机进行处理。由1和0组成的数字串接着又会被转换为屏幕上你能看见的信息,负责"翻译"的正是计算机本身。

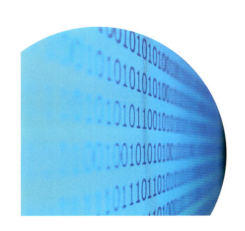

◀ 由1和0组成的二进制代码是计算机芯片的"母语"。

原来如此：85个科学问题

什么是垃圾岛？

在飘浮的塑料瓶上建房子是绿色生活的终极形式？

搭建在大约10万个塑料瓶上的乔伊希岛，正飘浮在墨西哥海岸线上。由于塑料瓶被封闭，并且保存在岛下的黑暗区域，所以它们不会在紫外线的照射下变质，而且种植在塑料瓶上的红树林的根部也有助于将塑料瓶聚拢在一起。乔伊希岛直径达25米，地面足够坚硬，可以支撑两层房屋，同时还有一个太阳能瀑布和一个由海浪提供动力的洗衣机。这个岛固定在打入海底的木桩边，同时也通过一根长绳与海岸连接。

成功的填海案例

纽约
曼哈顿岛曾经只是一片沼泽，但从1609年开始，这个岛不断扩大。曼哈顿岛的西南角曾经是哈德逊河的一部分。

悉尼奥林匹克公园
2000年悉尼夏季奥运会的举办区域曾经是一片湿地，为了排污、整顿土地，悉尼市政府花掉了超过1亿美元。

荷兰
荷兰有大片区域来自围海造陆工程。到目前为止，荷兰有27%的土地位于海平面以下。

如何制造一个飘浮的岛屿

一步一步，打造属于自己的生态天堂。

1 收集瓶子
收集10万个需填埋或回收的塑料瓶，紧密封口。

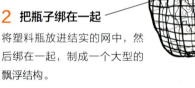

2 把瓶子绑在一起
将塑料瓶放进结实的网中，然后绑在一起，制成一个大型的飘浮结构。

3 种下植物
将胶合板和竹子固定在塑料瓶上，再盖上沙土。种植红树林，这种植物的根部有助于将整个结构聚集在一起。

清扫车的工作原理是什么？

清扫车是怎么让大街保持干净的？

机械化清扫车就像巨大的吸尘器，可以吸走包括树叶、尘土、废纸和饮料罐在内的所有杂物，让街道一尘不染。

高压喷水器可以冲散黏在地上的泥土。旋转的扫把将尘土和其他杂物从道路边缘集中到一起。清扫车随后喷出水雾，避免出现尘土飞扬的情况。真空系统与安装在清扫车中心下方的管道相连，可以把路上的杂物吸进车内的回收箱中。

杂物进入回收箱，被摇晃并烘干后会分解为小颗粒，再通过过滤设备排出。灰尘无法排出，而干净的空气要么进入真空系统循环利用，要么重新进入自然环境。

将垃圾清出街道

想让城市道路保持洁净，需要用上很多技术。

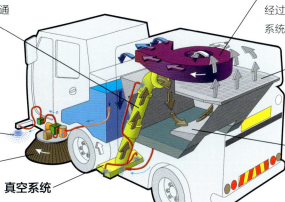

管道
被打湿的尘土或其他杂物通过这个管道进入回收箱。

喷水器
干燥的尘土很难从路面移除，所以清扫车使用高压喷水器解决这个问题。

旋转扫把
绝大多数清扫车有两个扫把，两个扫把的旋转方向正好相反且旋转速度非常快，从而将灰尘集中到中间。

真空系统
喷洒出水雾让尘土黏在一起后，真空系统可以将尘土吸入车内。

循环
经过过滤的干净空气会通过清扫车顶部的真空系统循环利用。

过滤网
即便是最小的灰尘粒子也会被过滤网拦下，和普通的吸尘器一样，过滤网需要定期更换。

回收箱
回收箱不是一个简单的箱子，它可以晃动，将灰尘分解成更小的颗粒。

赛车服如何保障车手安全？

一起来看看赛车服这种高科技产品的前世今生。

如果你的工作是以 200 千米的时速在赛车道上狂奔，那么最重要的就是安全性。所以车手的赛车服必须具有阻燃效果，以便在出现火情时保护车手。赛车服使用的材料，必须在实验室经过严格的明火测试。

Nomex（学名芳香族聚酰胺）这种人工纤维由于出色的防火性能以及重量轻的特点，被广泛用于赛车服的制作。现代赛车服通常由 2~4 层 Nomex 制成，正式使用前也会接受严格测试，以保证这些服装能够承受 600~800 摄氏度的高温。为保证车手安全，当赛车服暴露在高温下时，必须保证赛车服内部在至少 11 秒内的温度不能超过 41 摄氏度。赛车服上的拉链也要能够承受高温，保证不会熔化并烧伤车手的皮肤。就连缝制赛车服的线也要防火。赛车服的另一重要特点是透气性；车手一场比赛可能流失数千克汗液，所以保证水汽散发非常重要。

赛车服也要经过特殊设计，以确保车手的感官不会过度受限，否则会影响车手的驾驶能力。

原来如此：85个科学问题

▲ 军舰及潜艇通过鱼雷发射管发射鱼雷。

鱼雷是怎么发射的？

鱼雷这个终极水下武器，究竟是怎么发射的？

军舰和潜艇均可通过船身上的鱼雷发射管发射鱼雷。第二次世界大战期间的鱼雷利用内部陀螺仪定位敌方目标，而且鱼雷上的尾舵可以调整鱼雷的行进路线。内部的钟摆装置可以让鱼雷保持平稳。很多现代鱼雷为有线制导，因此在发射后可以远程控制，有线连接被切断后再由内部导航系统导航。当鱼雷探测到敌方舰艇或者与其发生接触时，鱼雷内部的炸药就会被引爆，在敌方舰艇上炸出大洞，并击沉对方。

装弹，瞄准，发射！

战斗时如何发射鱼雷？

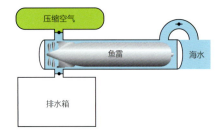

1 填装弹药

从鱼雷发射管后部填装鱼雷后关闭膛门。打开阀门，让舰艇外部的海水填充发射管，平衡发射管内外的压力。

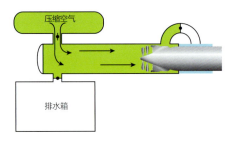

2 发射

打开发射管前段的炮口，打开压缩空气阀门，推出鱼雷，空气会被压进船体，这样就不会有一个气泡"逃至"水面，不会暴露舰艇位置。

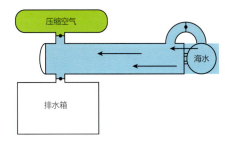

3 保持平衡

关闭压缩空气阀门，海水就会通过打开的炮口充满发射管。这有助于抵消鱼雷发射后损失的重量，帮助舰艇保持平衡。

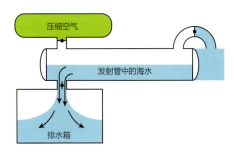

4 复原并重复

关闭炮口，打开连接排水箱的阀门，清空发射管里的海水。海水排干后，可以再打开发射管后部的膛门，填装鱼雷，重复上述流程。

烧烤背后的科学原理是什么？

烤出一块完美的汉堡肉需要懂得哪些知识？

无论是用燃气罐，还是使用传统的炭或木头作为热源，做好烧烤有两个关键点：高温和烟。

烧烤与在烤炉或烤箱中烤制食物有着很大的区别。使用烤炉时，热量从烤盘传向烤制的肉。金属烤盘与热源存在物理接触，而肉又与烤盘有直接接触。使用烤箱时，热量主要通过对流传导。烤箱内的空气被加热后会围绕食物或烤箱内部形成热循环。

而在烧烤时，肉类和香肠远离热源，无法形成烤箱内部那样的热循环。用烤箱烧烤时，大部分的热量通过红外辐射传导，辐射的热量会被深色的表面吸收，所以用锡箔纸包裹食物，有助于将热量传导至需要加热的区域。使用炭烧烤时，你需要等到炭烧到出现灰烬、通体呈白色时再使用，这样才能均匀加热。

随着边缘逐渐烤干，肉类的颜色变为棕色，糖与蛋白质的共同作用，产生了烧烤的这一标志性颜色。当然，在室内使用烤炉烤制食物也能达到这个效果。可若是想吃到特有的烧烤味道，烟是不可或缺的。

当脂肪与汁水滴落并燃烧时，它们释放出的味道分子，让空气中充满夏天的味道，这些味道分子也使肉类变得更加美味。

▲ 滴落的油脂引起了小小的火焰，将味道分子释放到空气中。

烧烤大解剖
让人垂涎欲滴的味道背后，究竟有着怎样的秘密？

上升的烟雾
烧烤时产生的高温导致空气被加热，空气体积扩大，并带着油烟、水汽和醇厚的气味上升。

温度测试
散发红光的白色炭温度极高。当颜色转为黄色或棕色时，意味着炭开始冷却。

气流
空气越多，火势越大。你也可以切断空气流动，让炭火冷却。

滴落的油脂
使用明火烹饪时，滴落的油脂或食物汁水燃烧后会释放复杂的味道。

美拉德反应
烧烤食物的亮棕色外壳，源自肉类中糖与蛋白质之间的反应。

汁水下落
使用明火烧烤使得油脂和其他汁水可以落入炉中并燃烧，这个过程可以释放出多种复杂的味道。

烧烤小贴士

1 等待炭烧成白色
炭变白意味着温度足够高，表面上的那层灰烬也有助于控制炭辐射的热量。

2 预热烤架
想让食物上出现炭烧后烤架的痕迹，你要保证在放上食物前烤架已经加热到足够的温度。

3 不要大火猛烤
人们通常认为大火猛烤能锁住肉类的汁水，实际上却恰恰相反。

4 经常翻面
没人喜欢吃烤焦的香肠。经常翻面，防止食物的一面温度过高。

5 放置
新鲜的肉类放置一会儿能让肌肉纤维稍稍放松，切割时，肉类就能有更多汁水。

生理学上的联觉是什么？

为什么有人能看到音乐的颜色或者品尝到文字的味道？

生理学上的联觉，是一种影响了全球 4% 总人口的症状，联觉者可以从不同于常人的角度体验整个世界。婴儿发育期，我们大脑中的各种感官是紧密连接在一起的；大脑中控制味觉、听觉、视觉、嗅觉和触觉的区域相互重叠。随着年龄越来越大，大脑中的这些连接开始分离变弱；但有人认为，联觉者大脑中的这个过程被打断了。这种感官信息的混合，意味着这些人能够看到声音的颜色。出现数形联觉现象的人能够看到不同形态的数字。很多联觉者并不知道自己具有这种症状。

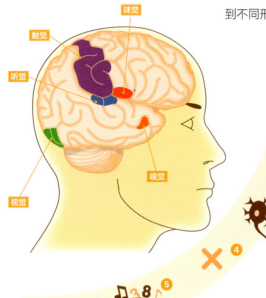

▼ 成长发育过程中，我们大脑中不同感官的神经连接可能出现重叠，导致出现联觉。

交叉的连接
走进联觉者的大脑

1. **灰质** 大脑中负责控制我们感官的不同位置。
2. **互相连接的感官** 出生时，不同感官之间的神经连接存在部分重叠。在联觉者身上，这种重叠一直延续到了成年。
3. **神经元分离** 如果正常发育，大脑中控制视觉和听觉的神经区域之间的连接大约在 4 个月时会逐渐分离。
4. **可能的诱因** 主流观点认为，出现联觉是因为缺少神经元分离以及大脑连接区域之间不断进行整合交换。
5. **多感官体验** 大脑中两个或多个区域交叉互动，导致联觉者可以同时体验到多重感受。

5 秒规则是真的吗？

这个规则真的有道理吗？

小学生都听过这种说法，如果食物掉在地上，5 秒之内捡起来吃是安全的。可这种说法到底是不是真的？为了测试这种说法的真伪，英国阿斯顿大学的研究人员让面包、意大利面、饼干及糖果掉在不同类型的地面，并测试各种食物在接触地面 3~30 秒时间内沾染细菌的数量。"5 秒规则"截止前，细菌确实发生了转移，不过总体来说，转移的细菌不多。掉在地毯上的食物比掉在类似地板这种坚硬、平坦表面上的食物安全性更好，干燥的食物也比有水分的食物更不容易沾染细菌。

◀ 掉在地上的食物能吃与否，取决于地上的细菌种类与数量。

科 学

生物膜是什么？

微生物如何聚合在一起，形成巨大的、黏性的生物膜？

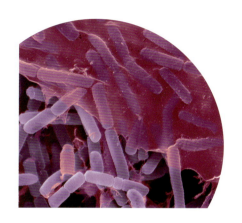

生物膜指的是由含糖黏合剂聚合在一起的多层微生物。位于底部的微生物与表面牢牢相连，生活在上层的微生物通过分享遗传信息与化学信号的胶质互相连接。聚合在一起的微生物比单体微生物更为强大、适应能力更强。

这些生命结构可以以斑块的形式在医疗植入物、水管内部甚至牙齿上生长。由于附着力极强，简单冲洗无法清理这些斑块。而且它们的保护性生物膜还能在一定程度上对抗抗生素及人体中的免疫系统，导致清理难度更大。

◀ 绝大多数耳部感染都是由生物膜引起的。

≈ 打造一张生物膜 ≈

几个细菌如何迅速发展为完整的社群？

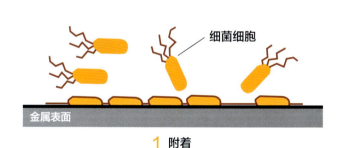

1 附着

细菌首先会松垮地附着在物体表面，随后释放胶质。

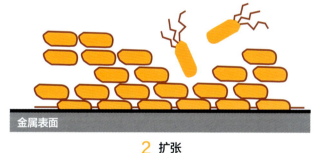

2 扩张

这一小群细菌开始分裂，其他品种的细菌开始黏着在第一层上。

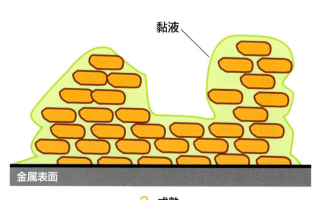

3 成熟

各种细菌开始像一个社群一样通力合作。它们产生一张黏性的薄膜，分享养分并互相交流。

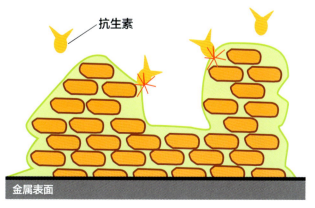

4 反抗

细菌社群可以抵抗来自外界的攻击，击退有毒化学物质、药物，甚至能击退免疫系统的攻击。

035

原来如此：85 个科学问题

吐司为什么会烤焦？

是什么让吐司这么好闻、这么好吃？

小麦粉、酵母和水能做出最简单的面包。面包含有碳水化合物和蛋白质，这些正是发生美拉德反应的核心要素。

温度超过 140 摄氏度时，面包中的糖类开始与小麦蛋白质中的氨基化合物发生反应。

面包变为吐司、进而出现焦壳的具体温度，取决于它的具体成分，不同的糖和氨基酸经过美拉德反应后会产生不同的味道和气味分子。总体来说，面包切片越干，美拉德反应的速度就会越快，吐司也会越快烤焦。

◀ 吐司可以在几秒钟内烤焦表面。

～ 吐司的味道 ～

吐司独特的香气和味道，源自其中复杂的化学物质

1 面包
面包中含有蛋白质（由氨基酸构成）和碳水化合物（糖）。

2 高温
温度上升到 140 摄氏度以上时，氨基酸与糖开始结合。

3 糖
面包中的糖包括葡萄糖、果糖、麦芽糖和乳糖。

4 氨基酸
最多会有 20 种氨基酸，结构各不相同。

5 糖基胺
糖与氨基酸结合形成一种不稳定的化合物，也就是 N-糖基胺。

6 酮胺
糖基胺经过重组后形成酮胺，或称阿玛多利重排产物。

第一步
美拉德反应的第一阶段，一个糖与一个氨基酸发生结合。

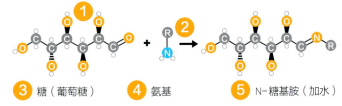

③ 糖（葡萄糖）　④ 氨基　⑤ N-糖基胺（加水）

第二步
第一步形成的分子结构经过重组，形成阿玛多利重排产物。

1、2 价烯胺醇　⑥ 阿玛多利重排产物

第三步
第二步形成的产物可继续进行反应，产生一系列不同的分子。

裂变产物　　羟甲基糠醛

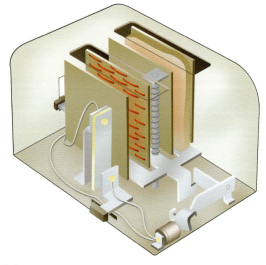

什么是垃圾 DNA？

人体基因组中为什么有这么多垃圾？

人体基因组的 30 亿个"字母"中，只有不到 2% 含有有用基因。也就是说，绝大多数基因密码毫无作用，那么这样的基因密码为什么会存在呢？

大部分人体基因组是枯燥且重复的，很多都是重复的转位子及其他重复的基因序列。也许有人觉得，在人类进化及自然选择的过程中，这样的无用基因应该被淘汰。假如某组 DNA 有用，这种 DNA 就会被留下，成为基因组的永久组成部分。如果没有……实际上这样的基因也会留下来，因为进化本身是一个缓慢且不完美的过程。近些年，越来越多的研究证明，所谓的"垃圾 DNA"也许不是完全无用的。

有些研究者还认为，人体中大量非编码 DNA 在生理学上相当于气泡保护膜。这些包裹在基因周围的非编码 DNA 能够起到保护作用，削弱诸如 X 射线或其他致癌物对人体的影响。有些"垃圾 DNA"甚至对人体结构起作用，它们有助于将基因及其控制开关导向正确位置，已经有具有功能的"垃圾 DNA"被证实。通过基因工程技术，研究人员将基因"黏合"在控制它的开关旁边后，基因仍能正常运作，这意味着精准的空间对基因并没有那么重要。

～ DNA 是什么？～

这种复杂的分子携带着人体的遗传信息。

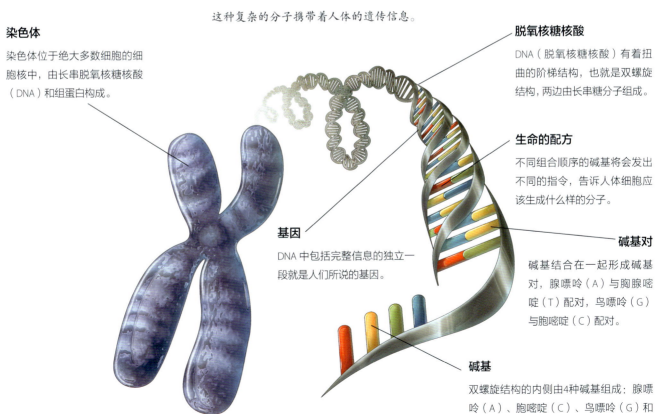

染色体
染色体位于绝大多数细胞的细胞核中，由长串脱氧核糖核酸（DNA）和组蛋白构成。

脱氧核糖核酸
DNA（脱氧核糖核酸）有着扭曲的阶梯结构，也就是双螺旋结构，两边由长串糖分子组成。

生命的配方
不同组合顺序的碱基将会发出不同的指令，告诉人体细胞应该生成什么样的分子。

基因
DNA 中包括完整信息的独立一段就是人们所说的基因。

碱基对
碱基结合在一起形成碱基对，腺嘌呤（A）与胸腺嘧啶（T）配对，鸟嘌呤（G）与胞嘧啶（C）配对。

碱基
双螺旋结构的内侧由 4 种碱基组成：腺嘌呤（A）、胞嘧啶（C）、鸟嘌呤（G）和胸腺嘧啶（T）。

▲ 垃圾 DNA 中不包含任何基因，但这种 DNA 在人体中也许起到了重要作用。

原来如此：85 个科学问题

放射性定年法的科学原理是什么？

科学家是怎么用地球上的岩石测量时间的呢？

绝大多数化学元素在漫长的时间里都能保持稳定，但地球上存在一些由放射性元素组成的物质，这些物质是不稳定的。随着时间推移，这些放射性物质逐渐衰变。碳-14 就是其中最知名的放射性物质，其原子核中包含两个额外的中子。碳-14 的原子核无法永远留住两个中子，经过一段时间后，碳-14 的 1 个中子转化成质子，形成稳定、无放射性的氮-14。碳-14 的这种衰变有固定的发生速率，一般用半衰期来衡量，即放射性元素的原子核有半数发生衰变所需的时间。

科学家可以利用碳-14 的半衰期确定生物化石形成的时间。地球上的所有生物均为碳基生物，动植物存活期间会将自然出现的放射性碳吸收进体内。动植物死亡后，吸收放射性碳的过程就会停止，已经存在的碳-14 开始衰变。当人类在几千年后挖掘出化石时，其中一部分碳-14 已经衰变为氮-14，所以只要测量剩余的碳-14 数量，我们就能知道化石形成于什么时间。

每一种岩石的衰变速率都不相同。岩浆冷却形成的火山岩中包含钾-40，这种元素需要 12.5 亿年才能经过一个半衰期。铀-238 的半衰期为 45 亿年，钍-232 的半衰期为 140 亿年，铷-87 的半衰期长达 488 亿年。

▲ 这种方法用于确定动植物遗体化石的年龄，比如这个迅猛龙的头骨。

碳定年法

这种放射性定年法用于确定过去生物的存在时间。

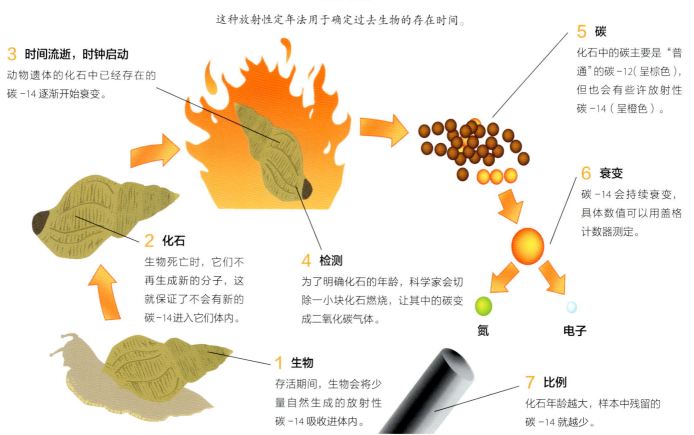

1 生物
存活期间，生物会将少量自然生成的放射性碳-14 吸收进体内。

2 化石
生物死亡时，它们不再生成新的分子，这就保证了不会有新的碳-14 进入它们体内。

3 时间流逝，时钟启动
动物遗体的化石中已经存在的碳-14 逐渐开始衰变。

4 检测
为了明确化石的年龄，科学家会切除一小块化石燃烧，让其中的碳变成二氧化碳气体。

5 碳
化石中的碳主要是"普通"的碳-12（呈棕色），但也会有些许放射性碳-14（呈橙色）。

6 衰变
碳-14 会持续衰变，具体数值可以用盖格计数器测定。

7 比例
化石年龄越大，样本中残留的碳-14 就越少。

什么是半衰期？

放射性原子之所以可以用作时钟，在于它们拥有固定的衰变速率。但是等待放射性原子衰变，有点像等待玉米粒变成爆米花。我们知道玉米粒变成爆米花所需的大概时间，但我们无法预测哪颗玉米粒会第一个变成爆米花。

与此类似，我们不知道放射性原子时钟启动的准确时间，但我们知道半数原子衰变所需的时间，这就是半衰期。而碳-14的半衰期为5730年。

半衰期不受温度、压力或其他环境因素的影响，这意味着无论世界上发生了什么，这些放射性原子时钟会持续转动，科学家可以借此确定化石的年龄。

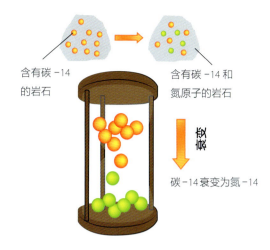

▲ 通过检测岩石的化学成分，我们可以了解这块岩石已经形成了多少年。

真的存在男性大脑或女性大脑吗？

大脑也分性别吗？

2015年，由以色列特拉维夫大学的达夫纳·乔尔领导的一份研究，调查了超过1400份男性和女性的脑部核磁共振影像。研究人员从诸如尺寸、重量及组织厚度等多个解剖学特征入手，研究了每一个大脑的不同部位，最终发现了29块男性和女性存在尺寸差别的大脑区域。不过在研究了每一个人的脑部核磁共振影像后，研究人员发现只有不到8%的研究对象拥有属于各自性别的全部大脑特征，而大多数人都同时拥有男性和女性特征。

▼ 近期的一份研究，驳斥了大脑也分性别的说法。

原来如此：85 个科学问题

烤面包的原理是什么？

怎么做出一块完美的面包？

古埃及的象形文字显示，烤面包已经有数千年的历史了。早期的烤面包，就是用小麦粉混合水后放在太阳下暴晒。也许其中一块面团被放置得太久，最终产生了能让面团发酵的天然酵母，使面团开始膨胀。古埃及人开始寻找分离酵母的方法，以便把酵母添加到每一块面团上。酵母正是面包这种在世界各地都深受欢迎的食物在制作过程中，发生神奇的化学与生物反应的关键原料。

用科学方法做面包

如何用好酵母，做出一块蓬松、可口的面包呢？

将原料混合在一起

将面粉、酵母、盐和水放入碗中，揉成面团。面粉遇水后形成面筋，这给了面团易于拉伸甚至是富有弹性的质感。

揉面

将面团放在覆盖有面粉的平面上，用手掌按压，然后叠起、翻转，不断重复这些动作。当面团表面变得平滑有弹性时，就可以停止揉面了。

醒面

将面团放进干净的碗中，盖上保鲜膜，放置在温暖的环境。酵母会消耗面团中的糖分，产生二氧化碳。困在面团中的二氧化碳形成气泡，导致面团膨胀。

再次揉面

当面团膨胀到原来的两倍大小时，将面团从碗中拿出，轻揉面团。这个过程能挤出部分空气，去除大的气泡。接下来，让面团再次膨胀到原来的两倍大小。

放进烤箱烤制

高温导致气体膨胀，让面团进一步变大。酵母在高温下死亡，面筋和淀粉变硬，面团无法继续变大。面包的中心蓬松，外面形成了焦糖色的脆壳。

什么是酵母？

酵母如何让面包成为面包

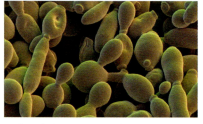

▲ 烤面包使用的通常是酿酒酵母，顾名思义，这种酵母也可以用来酿制啤酒。

仔细想一想，在面团里加入活的生物，这个感觉是不是特别奇怪？而且这种生物，本质上是一种真菌。幸运的是，我们在超市里买到的一包包酵母和能够导致严重感染的真菌并不是同一个品种。面包房使用的酵母，通常是包裹在胶囊中的干燥酵母。接触潮湿的环境时，胶囊外壳溶解，释放出里面的活性酵母。面团中的酶消化淀粉后生成糖，酵母消化的就是糖。除了二氧化碳外，这个过程也会产生酒精。烘烤过程中酒精挥发，但会留下些许酸味。酵母在温暖的环境中能发挥最好的效果，所以最好将面团放在温暖的地方发酵。同时也要盖上面团，防止水分蒸发。

核心原料

了解一块美味面包的关键组成

面粉
面粉与水结合形成面筋,为酵母提供所需的糖分。

酵母
酵母食用糖分产生二氧化碳,这给了面包轻盈蓬松的口感。

盐
盐为面团增加了味道,但盐太多也会杀死酵母的活性。

水
水能激活酵母,能将面粉中的蛋白质连接在一起形成面筋。

回旋镖为什么能飞回来?

回旋镖奇特的飞行轨迹,源自它的翼部。

抛出木棍后,它会在空中划出相对笔直的路线,接着落到地上。但回旋镖却能在飞出一个大弧度后回到你的手中。回旋镖有两个翼部,每个翼部都有飞机机翼式的设计:一边平缓,另一边有弧度。这种设计使得翼部上下会形成不同的压力,从而产生升力。回旋镖能够飞回手中的秘诀,在于翼部的安装位置。每个翼部锋利的尖角面对同一个方向,使得有弧度的结构形成了一个螺旋桨。

旋转与抛出力相结合,使得上方的翼部移动速度比下方更快。在这种情况下,回旋镖开始倾斜。这种现象在物理中被称为"进动"。回旋镖向一侧倾斜,成功拐弯后回到起点。

飞行轨迹

回旋镖在空中飞行时究竟发生了什么?

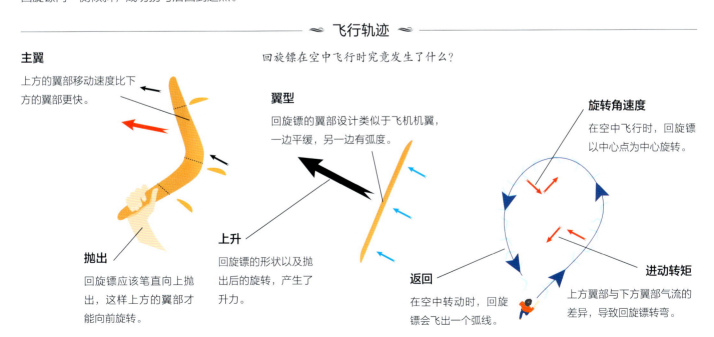

主翼
上方的翼部移动速度比下方的翼部更快。

抛出
回旋镖应该笔直向上抛出,这样上方的翼部才能向前旋转。

翼型
回旋镖的翼部设计类似于飞机机翼,一边平缓,另一边有弧度。

上升
回旋镖的形状以及抛出后的旋转,产生了升力。

返回
在空中转动时,回旋镖会飞出一个弧线。

旋转角速度
在空中飞行时,回旋镖以中心点为中心旋转。

进动转矩
上方翼部与下方翼部气流的差异,导致回旋镖转弯。

原来如此：85 个科学问题

如何从生物学角度解释饥饿现象？

吃点零食，然后看看肚子里到底发生了什么。

这是一种再熟悉不过的感觉了：距离早餐已经过去了很长时间，但还没到吃午饭的时间，你的肚子开始咕咕叫了。这就是饥饿——一种源自食欲刺激激素的感觉。当身体消化完上一顿饭并消耗完所有能量时，体内的血糖和胰岛素量都会出现下降。作为反应，消化道内开始生成食欲刺激激素，这些激素来到大脑，让大脑知道身体需要食物。大脑指挥身体释放第二种激素，也就是神经肽 Y，这种激素能激发食欲。

吃完东西后，胃里的神经能感知到胃部被拉伸，从而让大脑知道已经吃饱了。胆囊收缩素将减慢食物从胃部清空到小肠中的速度来促进消化，同时刺激生成有助于消化食物的分子，以此提高消化水平。GLP-1（胰高血糖素样肽 -1）告诉胰腺释放更多胰岛素，同时降低食欲。PYY（酪酪肽）通过小肠进入血液，和大脑中的感受器结合在一起，让人体产生饱腹的感觉。当食物被消化完时，人体内的饥饿循环就会再次开始。

▼ 人体的应激激素——皮质醇，可以提高食欲，导致摄入食物过量。

食欲刺激激素

不管是有点饿还是饥肠辘辘，一切的根源都是体内的激素。

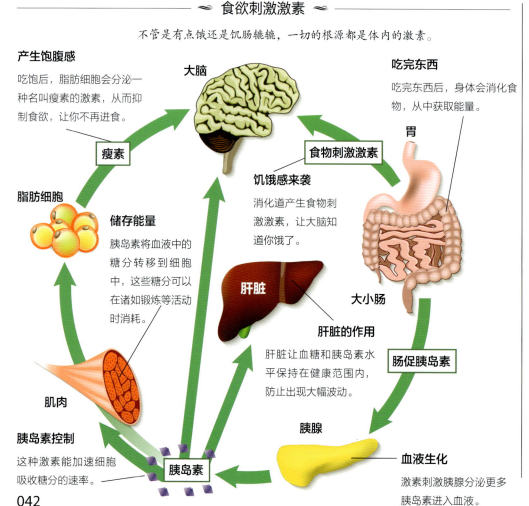

产生饱腹感
吃饱后，脂肪细胞会分泌一种名叫瘦素的激素，从而抑制食欲，让你不再进食。

瘦素

脂肪细胞

储存能量
胰岛素将血液中的糖分转移到细胞中，这些糖分可以在诸如锻炼等活动时消耗。

肌肉

胰岛素控制
这种激素能加速细胞吸收糖分的速率。

胰岛素

大脑

食物刺激激素

饥饿感来袭
消化道产生食物刺激激素，让大脑知道你饿了。

吃完东西
吃完东西后，身体会消化食物，从中获取能量。

胃

肝脏

大小肠

肝脏的作用
肝脏让血糖和胰岛素水平保持在健康范围内，防止出现大幅波动。

肠促胰岛素

胰腺

血液生化
激素刺激胰腺分泌更多胰岛素进入血液。

食欲大开时……

如果我们有想吃东西的心思，那就跟饥饿不是一回事了。

举个例子，培根三明治或甜甜圈不是大家心目中的健康食品，所以我们不是需要而是想吃这些东西。这是因为第一次吃甜甜圈时，大脑的中脑边缘系统的中心（负责处理愉悦感的区域）会被激活，食物会释放类鸦片这种化学物质附着在大脑的感受器部位，进而激发人体分泌多巴胺，这是让人感觉良好的激素。实际上，我们陷入爱河时体内分泌的也是这种激素！

巨大的噪声会让你头痛吗?

调低耳机音量可以改善这种状况吗?

噪声可以导致头痛。研究显示,一天听几个小时吵闹的音乐,会让人感到头不舒服。对一部分人来说,虽然不常出现这种现象,但巨大的噪声确实会让他们头痛。对偏头痛患者及肌紧张性头痛患者来说,噪声有可能是头痛的诱因。然而,我们也无法完全确定出现这种现象的原因。也许是因为噪声导致脸部血管扩张,也许是头痛患者的大脑中压制声音的机制存在问题。

◀ 对一部分人来说,巨大的噪声确实会诱发头痛。

为什么天气预报经常出错?

我们是否该对天气预报员更宽容一点?

观察地球大气层、地球表面及海洋后,天气预报员就会做出预报。英国气象局每天收集来自世界各地不同海拔的超过 50 万份测量数据,超级计算机使用这些数据搭建模型,分析大气层目前的动向,并预测未来的发展。但这种预测并不精准。技术进步只意味着现在的 4 日天气预报和 30 年前的 1 日天气预报精准度不相上下。在 87% 的预报中,第 2 日的气温误差一般在 2 摄氏度以内。

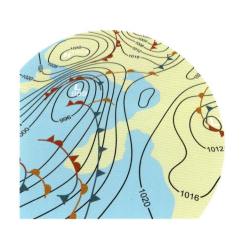

◀ 做出天气预报需要使用大量数据。

原来如此：85 个科学问题

什么是肌肉痉挛？

是什么导致了这种出人意料又异常痛苦的抽搐？

当肌肉不由自主地迅速收缩、又没能立刻放松时，身体就会出现痉挛。这种突如其来的抽搐通常出现在小腿上，一般持续几秒钟，但也有人经历过痛苦抽搐 15 分钟甚至更长时间的情况。一般来说，小腿肌肉收缩意味着抬脚，放松则意味着落脚，肌肉的这些活动让我们可以完成走路、跑步及跳跃的动作。但是出现痉挛时，肌肉出人意料地紧紧收缩，人们在收缩逐渐平息前无法控制自己的肌肉。肌肉拒绝放松时，受影响的肌肉会持续感到紧绷、脆弱及疼痛。

尽管痉挛很常见，但没人知道到底是什么原因导致了这些随机出现的肌肉收缩。一种观点认为，肌肉承受过度压力或者血液供应不足可能是导致痉挛出现的原因，但主流观点认为，痉挛的诱因是不正常的神经活动。

肌肉及肌腱中的感受器持续监控身体的运动和姿势。这些感受器可以发射反射信号，保护肌肉免受潜在的伤害。一种反射鼓励肌肉收缩，以防过度拉伸；而另一种反射要求肌肉放松，防止过度紧张。一般来说，反射信号是均衡的。可如果被打断，收缩信号明显强于放松信号，就会导致突然的肌肉紧张及痛苦的痉挛。

锻炼身体时经常出现痉挛，但根据英国国家医疗服务体系（NHS）提供的数据，75% 的腿部痉挛发生在睡眠期间。

◀ 即便是顶尖的运动员，也会在运动过程中出现痉挛。

导致痉挛的原因是什么？

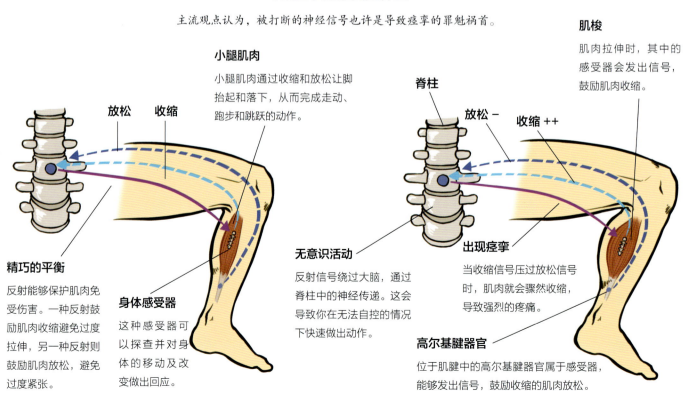

主流观点认为，被打断的神经信号也许是导致痉挛的罪魁祸首。

小腿肌肉
小腿肌肉通过收缩和放松让脚抬起和落下，从而完成走动、跑步和跳跃的动作。

精巧的平衡
反射能够保护肌肉免受伤害。一种反射鼓励肌肉收缩避免过度拉伸，另一种反射则鼓励肌肉放松，避免过度紧张。

身体感受器
这种感受器可以探查并对身体的移动及改变做出回应。

无意识活动
反射信号绕过大脑，通过脊柱中的神经传递。这会导致你在无法自控的情况下快速做出动作。

出现痉挛
当收缩信号压过放松信号时，肌肉就会骤然收缩，导致强烈的疼痛。

肌梭
肌肉拉伸时，其中的感受器会发出信号，鼓励肌肉收缩。

高尔基腱器官
位于肌腱中的高尔基腱器官属于感受器，能够发出信号，鼓励收缩的肌肉放松。

科 学

痉挛的种类

除了有点疼外，痉挛通常是无害的。可如果痉挛时间超过15分钟或者经常出现，意味着身体可能存在潜在问题。腿部痉挛可以分为两类：突发性和次生性。突发性腿部痉挛莫名其妙地发生，比如昏昏欲睡时突然出现的痉挛。

次生性腿部痉挛与已经存在的症状或特定行为有关，比如感染、神经紊乱、剧烈运动或脱水。由于不断长大的胎儿给腿部施加了更大压力，怀孕的女性也容易出现痉挛。

荨麻疹跟压力有关吗？

放松有助于改善肤质吗？

◀ 荨麻疹通常是对过敏源或刺激物的反应。

荨麻疹是一种皮疹，这种症状在英语中有多种说法，比如荨麻疹（nettle rash）、条状疹（weals）、鞭状疹（welts）和荨麻疹（urticaria）。荨麻疹呈红色，在皮肤上凸起，而且很痒。通常在如组胺等化学信号的触发下出现。为了应对刺激物和过敏源，皮肤开始释放信号，促使血液流向问题区域。这些信号让血管出现渗漏，帮助免疫系统进入问题区域，清除导致皮肤受刺激的根源。不过，并不是所有荨麻疹都有明确诱因，有时像情绪紧张这样的因素也会成为诱因。酒精、咖啡因和温度变化都有可能导致皮肤出现这种症状。

为什么食物中加入盐和糖有助于保存？

这些可以延长保质期的操作背后，究竟有着怎样的科学原理？

人类从古代就开始使用盐和糖保存食物了。假如没有这个天才的创意，我们就吃不到果酱、培根或者其他腌肉了。盐和糖的保质效果，主要通过"渗透作用"完成。为了与食物本身的盐或糖实现平衡，新加入的盐或糖会析出食物细胞中的水分子，让自身的分子进入细胞。这会让类似细菌一样的微生物难以在食物中生长。

◀ 制作果酱的糖有助于减少水果的水分。

什么是气象卫星？

这种密切关注地球的航天器，可以帮助我们预测天气变化。

▼ GOES-R 在发射后被重新命名为 GOES-16。

天气预报不仅能告诉人们出门是否需要带伞，还能预警破坏力强大的风暴和洪水，帮助人们拯救生命、减少财产损失。为了获得精准的预测，预报员需要持续监控地球表面与大气层，而这就要感谢太空中由众多气象卫星组成的强大网络了。气象卫星主要分为两种：地球同步卫星和极轨卫星。两种卫星通力合作，全方位无死角地监控地球。目前负责监控南北美洲和东太平洋的是地球同步环境观测卫星 GOES-EAST 和 GOES-WEST。GOES-EAST 中的 GOES-13 卫星计划预计在服役满 10 年后退役，替代它的 GOES-R 卫星将能提供比前任多 50 倍的信息，帮助天气预报员以前所未有的精确度预报天气。

新一代气象卫星什么样？

GOES-16 以无与伦比的细节监控地球的一举一动。

综合影像

将收集到的可见光与红外数据综合起来，可以展现地球特征及温度变化的更多细节。

可见光影像

云层可以反射更多的光线，所以云层比陆地和海洋的亮度更高。

红外线影像

温度更高的地方颜色更亮，相反，较冷的地方颜色较暗。

太阳能电池板

5 组太阳能电池可以安装在一个旋转翼上，为卫星的零部件提供电能。

地球同步闪电地图（GLM）

通过监控地球上的闪电，GLM 可以在早期预测风暴及其他极端天气现象。

高级基线成像仪（ABI）

通过测量地球反射的可见光与红外线，ABI 可以监控云层、大气层和地球表面。

星体追踪器

利用天空中不同星体的位置，精确定位自身位置的卫星可以通过推进器在轨道中改变飞行轨迹。

特殊机载服务（UPS）

卫星上的发射机应答器可以与其他卫星通信，从而更全面地监控地球。

太阳紫外线成像仪（SUVI）

SUVI 可以定期生成太阳影像，帮助我们预测可能影响地球磁场的太空天气现象。

极紫外线及 X- 射线辐射感应器（EXIS）

这个仪器可以监控太阳的电磁辐射，从而监控可以扰乱通信及导航系统的太阳耀斑。

空间环境探测组件（SEISS）

组件中的 4 个感应器可以监控太空中的质子、电子和重离子，重点关注可能对航天员及航天器造成伤害的辐射。

天线

GOES-16 收集到的数据通过一组天线发送回地球进行分析。

磁强计

磁强计能探测到可能对航天器产生危害的带电粒子。

什么是星座？

如果没有星座，夜晚的星空就会乱成一团。

尽管天空中的星星位于地球四面八方数光年远的地方，但天文学家还是把它们放进了不同分组，这些分组就是星座。根据其形态，星座的名字可以是人物、动物以及物体。

在星座的帮助下，夜晚的星空变得更有逻辑。没有星座，星星只是零落地散布于天空；有了星座，天文学家可以迅速勾勒出星星在夜空中的形态。

目前共有88个经官方确认的星座，星星根据星座命名。比如天津四是天鹅座中最亮的星星，所以也被称为天鹅座α星。大角星是牧夫座中最亮的星星，因此被称为牧夫座α星。仙女星系位于仙女座，经验丰富的天文爱好者知道在天空的什么位置才能看到这个星系。你大概听说过黄道十二宫——摩羯座、水瓶座、双鱼座等，这些星座均位于一年内太阳的移动轨迹中。你的星座对应的就是出生时太阳所在的位置。

▼ 目前官方认定的星座共有88个。

猎户座中星球与地球之间的距离

猎户座可能看上去像个平面，但构成这个星座的星球分部在数百光年的立体范围内。

参宿四
参宿四是一颗红超巨星，随时可能爆发变为超新星，距离地球约640光年。

猎户座星云
这团星云构成了"悬挂"在猎户座"腰带"三颗星上的"腰刀"的模糊刀尖。这团距离地球1500光年的巨大气体云，会生成新的星球。

参宿六
位于猎户座"左膝"下方的参宿六距地球650光年。和参宿四及参宿七一样，这颗巨大的星球未来会爆发变为超新星。

参宿五
距离地球仅243光年的参宿五是猎户座亮度第三高的星球，也是猎户座中距离地球最近的主要星球。

猎户座腰带
猎户座"腰带"上最亮的三颗星从左到右分别是参宿一、参宿二和参宿三。参宿一距地球1090光年，参宿二约为1300光年，参宿三约为900光年。

参宿七
猎户座中亮度最高的星球是参宿七，这是一颗白超巨星，距离地球约860光年。

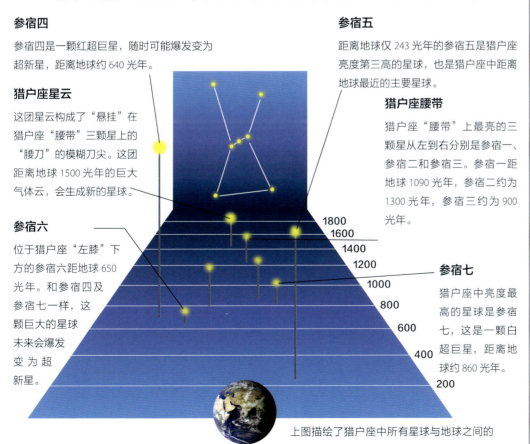

上图描绘了猎户座中所有星球与地球之间的距离，以光年为计算单位。

星座的起源

人们普遍认为，古代文明阶段人类就已经画出了星座图。起初，这些星星的模型只是用于占卜和导航，同时也是天文学家之间的交流工具。不过随着现代天文学的发展，人们很快发现，不同文化对星座的不同命名方式导致交流的难度变大。为了解决这个问题，国际天文学联合会（IAU）将南北半球之间的天空划分为88个区域并命名，这一结果如今在世界范围内得到了认可。

为什么在极紫外成像下的太阳看起来不一样了?

了解在不同波长成像下太阳的不同面貌

活跃区
波长:极紫外线,21.1 纳米(紫色)及 33.5 纳米(蓝色)
在极紫外线下,我们可以看到发亮的高强磁场活动。这些区域有着非常复杂的磁场活动,可以导致太阳耀斑增加和日冕物质喷射。

太阳黑子
波长:可见光,约 400~700 纳米
太阳表面这些温度降低的深色区域,是太阳磁场出现紊乱后的结果。黑子的温度在 4000 摄氏度左右,其直径可长达 80000 千米。

光球层/过渡区
波长:紫外线,160 纳米
太阳大气层在这里呈现出颗粒状态。光球的温度为 5500 摄氏度左右;越接近内核温度越高。

耀斑区
波长:极紫外线,13.1 纳米
电磁能积累到一定程度后爆发,从太阳表面释放大量能量。耀斑的强度和持续时间各不相同,大部分耀斑可以持续几分钟到几小时。

过渡区/色球层
波长:极紫外线,30.4 纳米
距离太阳表面 400~1200 千米区域的色球层,温度从内侧的几千摄氏度到外侧的几万摄氏度。和光球层不同,色球层距离太阳表面越远温度越高。

冕层
波长:极紫外线,17.1 纳米
高亮的高温等离子环作为主磁场突出于表面。这些电流表现为大型曲线,可以从光球层延伸出几千千米。

日冕
波长:极紫外线,19.3 纳米
日冕是太阳大气层的最外层,只有发生日全食时才能裸眼观测到。这一区域的最高温度超过了 499727 摄氏度。日冕的温度为什么比光球层和色球层高出那么多,至今仍是未解之谜。

什么是费米悖论?

这是一个没有明确答案的问题。

费米悖论是物理学家恩里克·费米提出的一个问题。宇宙的庞大意味着其中应有数十亿个有生命的类地星球;有些类地星球比地球的寿命还要长,理应发展出拥有诸如星际旅行和通信能力等高级技术在内的先进外星文明。从统计学角度出发,我们应当已经与先进外星文明产生了接触,但事实却不是这样的。费米提出的问题是:"他们在哪里?"太空科学家已经讨论了几十年这个问题,始终没有得出确定答案。也许星际旅行的难度大到无法进行,也许外星人特意不和我们接触。或许,我们在宇宙中就是孤独的。

▼ 人们认为宇宙中存在数十亿个有生命的类地星球。

空间站的垃圾怎么处理?

航天员怎么处理垃圾?

你可能不知道,我们看到的流星,可能只是航天员的排泄物。国际空间站里的航天员们会把自己的排泄物排入太空,这些排泄物会先围绕地球轨道飞行一段时间,随后成为流星,在大气层燃烧。美国国家航空航天局的航天员斯科特·凯利在最近一次接近一年的空间站生活期间,一共制造了80千克有味道的"流星"!而常规垃圾会由停靠在国际空间站的补给用航天器带回地球。

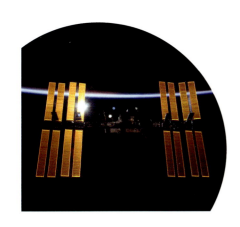

◀ 航天员会把排泄物排入太空,排泄物会围绕地球轨道飞行一段时间,随后成为"流星"。

火星未来会出现火星环吗?

火星的两颗卫星中,有一颗正走向变为火星环的死亡循环。

火星两颗卫星中的火卫一注定走向死亡。科学家预测,未来1000万~5000万年,火卫一将解体,可能围绕火星形成火星环。由于火星引力,火卫一正逐渐接近这颗红色的星球。火卫一的轨道距离火星表面只有6000千米,而且还在以每年1.8厘米的速度接近火星。最终,火卫一上受影响最严重的物质将被剥离。科学家不确定这些物质究竟是会坠落并影响火星表面,还是会形成一个火星环。

▼ 火卫一可能在火星轨道上解体的过程。

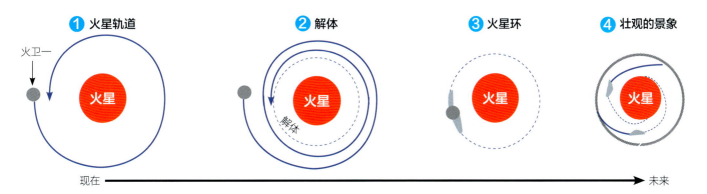

原来如此：85 个科学问题

太空中的天气是什么样的？

了解太阳爆发活动及其对地球的影响

站在地球上，也许太阳及其周围广阔的真空区域看起来很平静。但实际上，那里存在非常剧烈的活动。尽管从电视上的天气预报了解不到这些信息，但太阳是众多太空天气现象形成的原因。了解太阳对太空天气的影响，对我们人类也有重要意义。在长达 11 年的太阳周期中，位于太阳系中心内的巨大热等离子会以太阳风的形式持续"轰炸"我们的星球。太阳风达到最高峰时，可以扰乱我们用来通信、导航等的众多技术系统。

太阳风

被称为等离子的带电粒子流摆脱了强大引力后，不断脱离太阳的表面。这种被称为太阳风的现象在冲向地球时，速度最高可达每秒 800 千米，并不断冲击地球的磁场。太阳风的威力十分强大，科学家认为它会剥离包括水星在内的很多星球的大气层。所幸，地球相对较强的磁场足以保护自己的大气层。

耀斑

当扭曲的磁力线进入太阳黑子区域并且彼此相连时，会造成剧烈的爆炸，这就形成了太阳耀斑。耀斑释放的能量，相当于数百万个亿吨级氢弹同时爆炸的威力，将大量辐射发送到太阳系以外的地方。耀斑的辐射涵盖了电磁波谱的全部波段，既有无限电波，也包括 X 射线和伽马射线；这些光速运动的射线只需要 8 分钟就能抵达地球。

日冕物质喷射

因为过于扭曲，造成太阳耀斑的磁力线有时会突然断开，然后重新连接在其他点上。由此形成的缺口无法抑制太阳表面的等离子，导致数十亿吨等离子涌入太空，形成日冕物质喷射现象。日冕物质喷射的速度不一，抵达地球的时间从几小时到几天不等；其自带磁场，在冲击地球时，会形成磁暴现象。

地球的防护

在磁场的作用下，地球外部形成了磁层，这种屏障可以保护我们的星球免受太空天气现象的影响。然而太阳风的持续攻击会导致磁层的形状出现重大变化；磁层靠近太阳的一面会被压缩，相反的一面会被拉伸。有时太阳风会导致处于夜晚一侧的磁力线断开；当磁层重新归位后，带电粒子会被推动着进入地球的高层大气。

太阳黑子

磁力线突破太阳表面后会产生深色区域，这就是太阳黑子。由于太阳内部存在温度上限，所以内部的温度低于太阳表面，但也有 4000 摄氏度左右。太阳黑子通常出现在接近太阳赤道的区域，它们也是绝大多数极端太空天气现象的起因。在长达 11 年的太阳周期中，黑子数量的变化也表现出明显的周期性。

宇宙膨胀的速度到底有多快？

宇宙膨胀的速度，科学家是怎么知道的？

1929 年，美国天文学家埃德温·哈勃公开了真正具有突破性意义的发现：宇宙在膨胀。通过观测河外星系发出的光亮，哈勃发现它们的波长被拉伸（出现红移现象）；而且星系越远，红移就会越多。只有宇宙在不断膨胀，这个发现才能解释得通。星系红移的程度与其移动速度有关。哈勃发现，星系的距离及移动速度，以及由此推算出的宇宙膨胀速度，与一个常量直接相关。这个常量就是哈勃常数。

1929 年哈勃常数被确定为 500 千米/秒·百万秒差距（一百万秒差距大约为 326 万光年），但这个数据只是在有限的数据基础上测算出来的。

科学家在 2016 年内做出了迄今最为精确的预测：73.2 千米/秒·百万秒差距。这个更精确的数据让科学家意识到，宇宙膨胀的速度比之前预测的要快 5%~9%。人类太空旅行的最大距离，还没有超过距地 400171 千米，总时长也不过以日计算。航天员可以在国际空间站上生活数月之久，但地球家园就在脚下，永远不会脱离视线，但去往其他星球就不一样了。

每一个航天员都经过了严格筛选，因为他们的身体必须能承受太空旅行的高压与挑战。可是在航天员进入未知领域前，还是会采取很多预防措施。地球上的训练团队会在专门设计的居住舱中模拟长期孤独的太空旅行环境，以此保证航天员能够应对未来的挑战。

寻找哈勃常数

为孤独旅行做好心理准备的唯一方法，就是亲身体验。

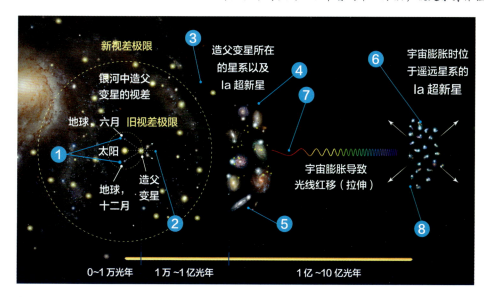

1 哈勃空间望远镜
哈勃空间望远镜时隔 6 个月在银河系内观测到了同一个造父变星。

2 视差
根据造父变星在两次观测时的不同位置，天文学家可以利用几何原理确定它们与太阳之间的距离。

3 亮度信息
确定了星体的距离后，天文学家就有可能测算出它们实际的亮度。亮度信息可以用于确定更多的造父变星位置。

4 临近的星系
天文学家寻找同时含有造父变星和 Ia 超新星的星系。通过对比两者的亮度，天文学家可以确定超新星爆炸的实际亮度。

5 星系测定
了解超新星的实际亮度有助于天文学确定它们的距离。Ia 超新星爆炸时总会释放出相似程度的亮光。

6 遥远星系
超新星具备足够的亮度，距离很远也能看到。因此天文学家可以对比 Ia 超新星表现出来的亮度与实际亮度，以此确定它们的距离。

7 红移
由于宇宙膨胀，遥远星系的光线波长会出现红移现象。

8 膨胀
通过测算距离以及遥远星系的红移数据，天文学家可以计算出宇宙膨胀的速度。

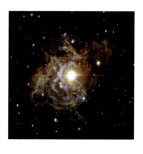

▶ 哈勃空间望远镜在 2016 年 6 月拍摄的一张星系照片，可用于测算宇宙膨胀速度。

原来如此：85个科学问题

航天员如何训练？

地球上最适合航天员适应失重状态的地方，就是水池。

准备执行国际空间站任务前，航天员必须提前接受训练。不过，为了尽可能模拟真实的太空环境，我们必须在地球上模拟航天员在地球大气层外遇到的微重力状态。

美国国家航空航天局巧妙地在地球上复制出了独特的太空环境。他们将与国际空间站尺寸相等的大型模拟舱放进了一个巨大的水池中。美国国家航空航天局将这个12米深的水池称为水下中性浮力实验室（NBL），航天员自1996年起就在那里接受训练。

航天员每天会接受6~8小时的水下训练。训练期间，水下摄像机会拍摄航天员的一举一动，可供日后查看。航天员可以随时获得安全潜水设备，他们也装备了氧气、动力及通信支持设备。

接受训练的航天员在水下时会携带氮氧混合气瓶，其中46%为氧气。氧气浓度的提高降低了减压病的概率。拴链也让航天员在练习时可以将自己系在扶手上。航天员在水下经历的一切都是在模拟他们登上国际空间站后的情形。

▼ 在水下中性浮力实验室，航天员每天在水下最多训练8个小时。

航天服

航天服是太空旅行的必备工具，每一部分都能起到重要作用。

开始水下中性浮力实验室训练前，航天员需要穿戴好必要的设备。航天员可以在36种大小不同的航天服及46种手套中选择，航天服内还有很多衬垫，保证穿在航天员身上不会松动。全套航天服非常重，重量相当于两个成年男子。航天服中包含了众多帮助航天员适应太空环境的技术装备。

装在水池中的航天设备

在水下中性浮力实验室，航天员可以体验到在太空工作的感觉。

巨大的空间
这个水池可以容纳惊人的水量：2800万升，相当于10个奥运会规格的游泳池。

中性浮力
水池中的水可以提供中性浮力，航天员就可以在既不上浮也不下沉的环境下进行训练，模拟了零重力状态。

隐藏深度
水下中性浮力实验室长61.6米、宽31米，但这个空间不足以装下整个国际空间站。

没入水底的空间站
一个仿制的国际空间站模块位于水下12米的地方。

安全
在总计115000小时的下潜训练时间里，没有一名航天员出过任何事故。他们身边陪伴着专门的潜水团队和摄像师。

生命支持
航天员由一根长26米的拴链与水池中的生命支持系统连接，这个系统能够提供空气、动力及通信。

在水下呼吸
为避免出现减压病，航天员需要吸入氮氧混合气，其中46%为氧气。

脉冲星是什么？

"灯塔效应"背后的真相到底是什么？

当乔丝琳·贝尔在 1967 年发现脉冲星时，没人知道它们究竟是什么。因为太过神秘，第一颗被发现的脉冲星被半开玩笑地命名为 LGM-1，也就是小绿人 1 号。尽管我们现在知道脉冲星与外星人无关，但这种星体的成因仍然充满戏剧性。它们是发生超新星爆发的大型星体中密度极高的内核，旋转速度非常快。

当一个体积是太阳 8 倍的星体死亡时，它会停止从内核获取核聚变能量。这会导致内核坍缩为密度极高的物质，电子与质子结合形成中子。星体的外层也会迅速随之坍缩，但冲击波会将外层推出，导致星体发生爆炸。内核"幸存"下来，形成了直径大约 20 千米的中子星。

中子星具有极强的磁性，而且能够自转，磁场会将带电粒子从两个磁极高速喷出。中子星转动时，这些带电粒子喷射流随之旋转，并向着地球的方向移动。这些喷射流在我们眼中就是高速光脉冲信号，脉冲星因此得名。而这些光脉冲信号随着中子星的自转时断时续，就像灯塔的光一明一灭一样。

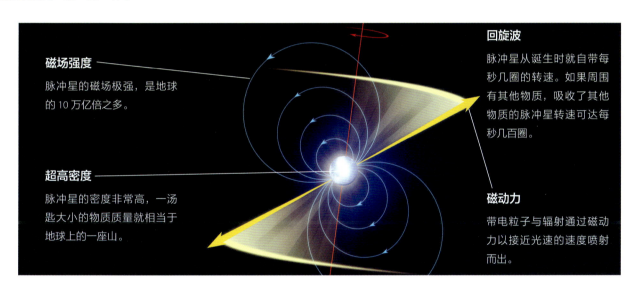

磁场强度
脉冲星的磁场极强，是地球的 10 万亿倍之多。

超高密度
脉冲星的密度非常高，一汤匙大小的物质质量就相当于地球上的一座山。

回旋波
脉冲星从诞生时就自带每秒几圈的转速。如果周围有其他物质，吸收了其他物质的脉冲星转速可达每秒几百圈。

磁动力
带电粒子与辐射通过磁动力以接近光速的速度喷射而出。

在太空使用激光笔会发生什么？

光束能传播多远？

▼ 发射到太空中的激光会逐渐消散。

由于光线中的光子携带动量，太空中的激光笔会逐渐向后退，这是光束离开激光笔后的正常反应，是牛顿第三定律中作用力与反作用力相互作用的结果。但在地球上朝冥王星发射激光，我们不可能在冥王星的表面看到红色的激光点。这是因为激光在行进过程中会逐渐消散；即便只是用激光笔对准墙面，我们也会发现墙上的激光点比激光笔的出口要大。

登陆火星与登陆月球有什么区别?

了解两种登陆活动后勤保障方面的区别。

登陆火星与登陆月球主要存在 3 个区别。首先是引力,火星更强的引力会让航天器下降速度更快。其次,火星有大气层,而月球没有。登陆火星的航天器可以使用降落伞减慢下降速度,但这个方法不能在月球上使用。第三个区别在于火星距离地球更远,这会影响航天器接受地球信号及指令所需的时间。

▼ 登陆火星的航天器可以使用降落伞。

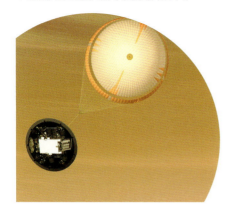

为什么月球离我们越来越远?

了解月球怎么一步一步远离地球。

在地球海洋潮汐的作用下,月球正逐渐远离地球。月球的引力导致地球接近月球一面的海面出现凸起,这种凸起反过来对月球也产生了引力作用。随着地球自转,海面凸起向距离月球较远的一边转动。地球的自转因此会出现些许降速,这给了月球一定的推力。每一年,月球与地球之间的距离会增加 3.78 厘米。

▼ 月球远离地球与海洋潮汐有关。

人类如何回到过去?

窥探宇宙时,我们看到的就是过去!

如果太阳突然消失,我们需要整整 8 分 20 秒才会发现。这是因为,太阳光不会立刻抵达地球;光线需要穿过太空,而这需要时间。

月球距离我们只有 384000 千米,所以月球反射的光线只要 1 秒多钟就能抵达地球。而太阳距离地球 1.5 亿千米,所以太阳光抵达地球需要 8 分多钟。除太阳外,距离地球最近的恒星是半人马座的比邻星,这颗恒星的光线传到地球需要 4 年时间。临近的仙女座星系的光线传到地球,需要惊人的 250 万年。

这意味着,现在看向太空,我们看到的就是过去。哈勃空间望远镜可以看到超过 130 亿年的古老星系发出的光芒。

▼ 当仙女座发出这道光线时,我们的祖先还没学会生火。

航天服的工作原理是什么？

这个神奇的设备如何帮助航天员在极端环境下生存？

▼ 欧洲航天局（ESA）航天员亚历山大·加斯特在得克萨斯州休斯敦的美国国家航空航天局约翰逊航天中心测试航天服。

航天服是航天员的生命保障系统，为他们提供氧气，给他们保暖，并保护他们免受太空真空环境的伤害。航天服可以让航天员之间及与控制中心之间保持联系，还能监控他们的健康状况，其密封性也能保证严苛的外部环境不会影响航天员。航天服中最重要的一部分是背包，也就是便携式生命保障系统（PLSS），它不仅仅是氧气包，它还能为航天服加压，防止出现缺氧，排放有害的二氧化碳，并且可以加水冷却航天服。背包中还有医疗监视器和通信设备。

在航天服内，航天员会穿上紧身的液体冷却通风服，通过排汗来排出体内的热量。氧气、二氧化碳和水蒸气会被送回背包。二氧化碳遇到氢氧化锂时会发生反应产生碳酸锂和水，水蒸气凝结后也会被储存在背包中，而氧气会在航天服内循环，供航天员呼吸。如果航天员在太空行走时发现自己飘离航天器，美国国家航空航天局的现代航天服中装备了一个舱外活动救援简易辅助装置，其中包含小型喷气设备，可以帮助航天员飞回空间站。

设计细节

作为太空旅行的必备装备，航天服的每一个组成部分都很重要。

制作一套航天服
航天服并非一体的服装，而是固定在一起的不同组成部分，分为上肢、手臂和下肢部分。

想上厕所怎么办
太空行走时是不能上厕所的，所以航天服中包含了"最大吸收能力的衣物"，这只是给尿布起了个好听的名字而已！

手套
由于太空温度极低，所以航天员手套的指尖处都有小型加热器。手套不仅拥有极强的抓力，也具备优秀的灵活性。

灵活性
航天员在空间站外工作时，航天服需要让他们具备活动能力。

脚部护具
目前航天服配备的靴子很软，并不适合行走，只适用于飘浮。新靴子必须适用于登月或者火星登陆。

配备面罩的头盔
头盔面罩镀上了薄薄一层黄金，以过滤有害的太阳辐射。

主要生命维持子系统
主要生命维持子系统中包含氧气管，还有电池、水冷设备以及空气循环必备的风扇。

液体冷却通风服
液体冷却通风服由紧身弹性纤维制成，穿在航天服里面。通风服包含了长度超过 90 米的管子，用于排出并循环体热、二氧化碳与汗液。

动力冲浪板如何在水面移动？

动力冲浪板已经吸引了越来越多的关注，它是冲浪的未来吗？

天气晴朗的日子里，当你兴冲冲地穿好潜水服、拿起冲浪板走到海边时，还有什么比看到一个无风无浪的平静大海更让人沮丧的事呢？与其责怪自己不事先了解海浪预报，不如了解一下装备了发动机的冲浪板吧。

波浪喷射器（WaveJet）是一个模块化的装置，几乎可以安装在任何冲浪板、皮划艇或者站立式浮板上。这个装置使用可充电电池供电，通过配套的腕表操控。波浪喷射器可以让冲浪者以三倍于手动划水的速度移动，其原理与水上摩托类似，只是规模较小。当两个由发动机提供动力的小型喷水装置启动后，能够提供足够的推力让冲浪者开始冲浪。

与此类似的还有急流冲浪板（JetSurf），这是一个完整的冲浪板（不像单独安装的波浪喷射器）。急流冲浪板的设计速度更快，最高可达每小时58千米。由碳纤维制成的急流冲浪板具有重量轻和便携的特点，四周还有镶边，可以减少脚部滑出冲浪板的概率。急流冲浪板最初的设计目的是参加静水竞速，但这种冲浪板在面对海洋巨浪时同样拥有出色的性能。动力冲浪板的设计符合流体动力学，看上去更像小型快艇，而非冲浪板。

以上型号均由小型内燃机提供动力，并且安装了特别的排放系统，这正是这类产品能高速运行的原因。因为速度非常快，大多数（敏感的）冲浪者甚至在冲浪时会戴上头盔。

急流冲浪板

这种冲浪板可以助冲浪者一臂之力，无需手动划水也能冲浪。

安全性
手动控制器也有停机功能，可以在冲浪者落水时关闭发动机。

控制冲浪板
冲浪者利用体重控制方向，不过冲浪板前端也安装了手动控制区，可以控制发动机油门。

材料
冲浪板由碳纤维制成，不仅重量轻，而且强度高。

高速冲浪
急流冲浪板最高时速可达58千米，不到45分钟就能横跨英吉利海峡。

发动机
急流冲浪板由一个安装在冲浪板后端的发动机提供动力。

动力冲浪板历史

20世纪30年代就有人提出动力冲浪板的概念了，当时有少数人将发动机安装在了冲浪板上，甚至还出现过救生员使用这种冲浪板的例子。可直到20世纪60年代，动力冲浪板的发展才真正取得进展。一些制造商将外接发动机安装在冲浪板上，但第一个动力冲浪板直到1965年才被制造出来。这种冲浪板由飞机工程师设计，希望冲浪者无需耗费精力划水也能冲浪。

20世纪80年代出现了动力喷射板（PowerSki Jet Board），随着喷气技术的完善，冲浪板的速度越来越快，操控性也越来越好。市场上出现了一系列工作原理接近水上摩托的冲浪板，既可以在平静的水面使用，也可以在出现大浪时冲浪。另外，制造冲浪板的材料也越来越轻。

波音 377 "同温层巡航者"的内部究竟什么样?

20 世纪 50 年代,飞机的奢华性达到了前所未有的高度。

第二次世界大战结束后,尖端军事技术转为商业用途。20 世纪 40 年代末,波音推出了 377 "同温层巡航者",这是一款以 B-29 "超级堡垒"轰炸机为基础打造的商用客机。波音 377 安装了可伸缩襟翼,不仅可以减少阻力、提高飞行速度,而且还能提高飞机的环保水平。

波音 377 的螺旋桨由 4 台 2600 千瓦的活塞式发动机驱动,最高可以飞到 9750 米的高空。由于结构复杂,波音 377 的发动机相当不稳定。尽管设计的是只需 3 台发动机工作,飞机就能正常飞行,但这种设计没能避免灾难的发生。1951 年—1970 年,"同温层巡航者"发生了 13 次全损事故,这也是它退出商用领域、让位于喷气式客机的原因之一。

战后的空中旅行

走进波音的第一款跨大西洋商用飞机。

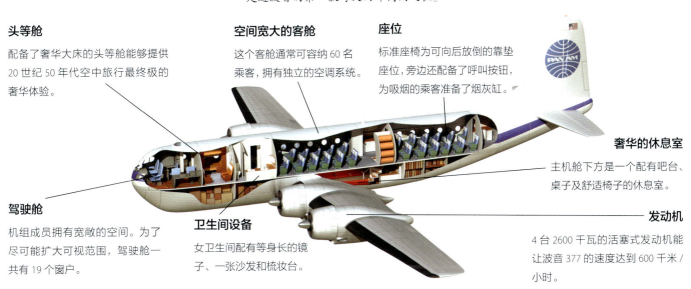

头等舱
配备了奢华大床的头等舱能够提供 20 世纪 50 年代空中旅行最终极的奢华体验。

空间宽大的客舱
这个客舱通常可容纳 60 名乘客,拥有独立的空调系统。

座位
标准座椅为可向后放倒的靠垫座位,旁边还配备了呼叫按钮,为吸烟的乘客准备了烟灰缸。

奢华的休息室
主机舱下方是一个配有吧台、桌子及舒适椅子的休息室。

驾驶舱
机组成员拥有宽敞的空间。为了尽可能扩大可视范围,驾驶舱一共有 19 个窗户。

卫生间设备
女卫生间配有等身长的镜子、一张沙发和梳妆台。

发动机
4 台 2600 千瓦的活塞式发动机能让波音 377 的速度达到 600 千米/小时。

▼ 尽管出现了新技术,但大部分火车司机仍然要知道何时开始减速。

火车司机是怎么知道何时停车的?

确保火车安全运行,司机仍然具有关键作用。

高速运行的火车需要继续运行好几千米才能完全停车,所以火车必须在抵达车站前就开始减速。尽管某些高科技火车可以告诉司机何时减速,但总体来说,火车司机需要接受训练,了解行驶路段,知道什么时候需要开始刹车。随着火车缓缓驶入车站,沿途的信号会告诉司机在什么位置需要完全停下。火车在车站间行驶时,假如前方出现事故,沿途的信号灯就像红绿灯一样,会指示司机停车。

原来如此：85个科学问题

垂直起降（VTOL）飞机的未来前景如何？

这是一款可能为大型货物运输带来革命性变革的飞机！

英国的莱因哈特技术研究公司（RTR）已经设计出了TU523，这是一款垂直起降飞机。无需新建昂贵的基础设施，这款飞机就能运输沉重的海运集装箱。这种飞机使用混合动力发电机，按需为一系列涡轮电动机供电，后者可以调整为水平状态，帮助飞机完成垂直起降。

升空后，涡轮电动机会自动调回垂直状态，同时，这种飞机的机翼也能像普通机翼一样产生升力。RTR公司已经制造出了TU523的1:4模型，这个模型将从英国飞往南非，进行为期60天的测试。测试完成后，RTR公司将会制造全尺寸版本的TU523，这种产品可以以平均每月30架的速度批量生产，每架飞机的成本不到40万英镑（约合人民币348万元）。

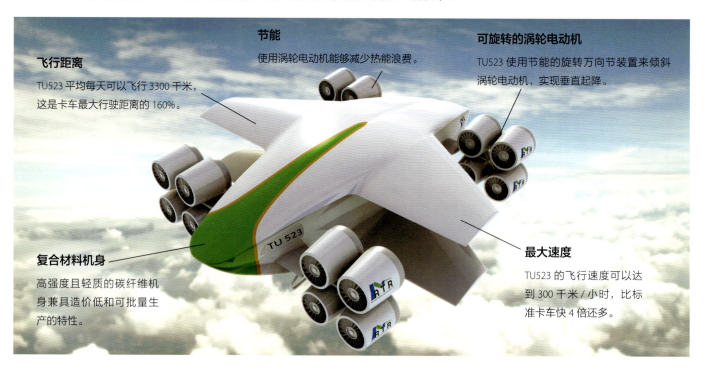

飞行距离
TU523平均每天可以飞行3300千米，这是卡车最大行驶距离的160%。

节能
使用涡轮电动机能够减少热能浪费。

可旋转的涡轮电动机
TU523使用节能的旋转万向节装置来倾斜涡轮电动机，实现垂直起降。

复合材料机身
高强度且轻质的碳纤维机身兼具造价低和可批量生产的特性。

最大速度
TU523的飞行速度可以达到300千米/小时，比标准卡车快4倍还多。

如果在空中打开飞机窗户会发生什么？

为什么客机上的窗户需要保持密封？

飞机飞行时，机舱内部的气压比外部更高。如果打开窗户，机舱内部气压会降低。这是因为气压总是想办法保持平衡，所以高压空气会向低压区域流动。没有被固定住的物品会被吸出窗外，而且空气很快就会稀薄到无法呼吸的程度。这就是飞机窗户无法打开的原因！

▼ 飞机飞行途中打开窗户是非常危险的。

世界上现存最长的轮船有多大？

这艘驰骋大洋的巨轮，打破了世界纪录！

世界上现存最长的轮船，毫无疑问当属马士基集团的 3E 级集装箱船。由于其宽大的球状船头设计，3E 级比其他集装箱船的运量多出了 16%。

发动机被安装在了轮船后部更靠下层的位置，这不仅提高了稳定性，也能让船体容纳更多的集装箱。3E 级的螺旋桨更大，转动速度更慢，这既可以节省燃料，又能降低排放。船身被设计为全部可回收利用，轮船的废热回收系统可以回收排放口的热量和压力，用后者带动涡轮发动机转动。

由于船体过于庞大，3E 级集装箱船必须能够承受海浪的冲击，制造船身的材料也需要具备足够的柔韧性，遇到海浪时可以有一定程度的弯曲。出现强风巨浪时，我们有可能看到船体弯曲变形的现象。

◀ 第一艘 3E 级集装箱船于 2013 年 7 月交付使用，被命名为马士基·迈克-凯尼·穆勒号。

跑得和声音一样快，这可能吗？

坐上超回路列车，只需要一张汽车票的价钱，我们就能以接近声速的速度旅行。

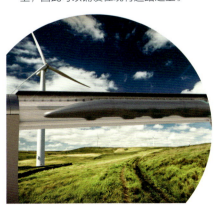

▼ 超回路列车的真空管道可以架设在塔桥上，因此可以铺设在现有道路之上。

行驶速度接近声速的超回路列车，是一种未来主义的运输方式。在一个密封的管道内，在空气极度稀薄、接近真空的环境下，车厢依靠电磁铁提供动力向前运行。用作推进的轨道只占总轨道的 5%，车厢在剩余路程只需滑行即可。超回路一号和超回路运输科技这两家公司成为制造原型车的领跑者，他们正在开发可以部署在美国、印度和阿联酋的系统。超回路列车将是一种尽可能减少对环境影响且廉价的交通方式。

原来如此：85 个科学问题

什么是无气轮胎？

米其林的新设计能一举终结轮胎漏气的问题吗？

米其林的无气轮胎，誓要解决慢性漏气以及危险的高速爆胎等问题。他们新设计的 Tweel，是轮胎与轮辋一体化的设计。这种设计目前主要用于环境景观、农业及建筑业等商用环境。如果成功，设计者希望能将这种技术应用在其他交通工具上。

坚硬的无气轮胎实际上早就存在了，可由于过于坚硬，车辆在通过崎岖路面时会异常颠簸。米其林的 Tweel 在崎岖路面行驶时通过压缩胎面应对这个问题。Tweel 的另一个优势在于，因为使用了可循环利用的塑性树脂，它比传统的充气轮胎更为环保。这意味着，即便不再使用 Tweel，其对环境的危害也很小。

无气轮胎究竟什么样？

什么特性让 Tweel 如此耐用？

底胎面
更厚的底胎面意味着轮胎可以多次翻新。

高强度的轮辐
树脂轮辐可以减少颠簸，提高行驶时的舒适性。

出色的兼容性
每个轮胎配有八孔轮毂螺栓，使其可以适用于全部标准交通工具。

开放式胎面
深度开放式胎面设计降低了无气轮胎的清洁难度，还使轮胎拥有卓越的牵引力。

零度传送带
这些带状设计使得轮胎拥有绝对主轴，有助于将压力稳定地传向轮胎强度最大的位置。

空气动力学的原理是什么？

汽车的形状如何帮助它在空气中穿行？

车辆移动时，会把空气分子挤压到旁边，由此形成阻力。汽车速度越快，阻力越大，这意味着发动机必须输出更大能量才能保持速度。汽车加速的同时，重要的是要将阻力保持在最小，这就是空气动力学大展身手的时候了。汽车拥有出色的空气动力性能，意味着车头的形状经过严格设计，减少汽车加速时的阻力。

提高气流在车身周围的流动速度不仅能减少阻力、节省燃料，还能让汽车更快地从空气中穿过，从而提高行驶速度。气流也可以用来为汽车的主要零件（比如发动机和刹车）降温，保证这些零件在持续使用状态下性能不会受损。

利用气流加速

跑车如何依靠设计提高性能?

车尾的下压力
随着空气从车头流到车尾,翼形设计导致空气转向上方,将更多空气挤压至车尾下方,从而提高牵引力。

流线形车身
车轮完全缩进车内,让车身最大程度保证流线型。

车头的下压力
空气从汽车底部上升,在引擎盖处向下,产生下压力。

伯努利定理
现代汽车的底盘同为光滑的表面设计,这样空气就能加速通过底部,让车辆更好地贴在地面。

更低的底盘
由于悬挂弹簧变短,跑车的底盘更接近地面,所以从底部通过的空气会减少。

冷却
前保险杠的进风口和两侧的通风口可以让气流进入刹车和发动机,起到冷却效果。

汽车内的空调什么样?

可以保证车内温度舒适的神奇机器!

一切源于仪表盘上的 A/C(空调)按键。首先,制冷剂通过压缩机经过一系列管道被抽送。压缩机让制冷剂进入高压状态,导致其温度上升。

热气通过冷凝器,冷凝器中的风扇让制冷剂降温、变为液体状态。冷却的液体随后被抽送进接收器,这个机器可以去除任何可能损害电路的湿气或冰晶体。最后,这些液体被抽送入膨胀阀,在这里减压,再进入蒸发器。

制冷剂的沸点很低,即便只是普通车内温度,它们也会再次变为气体。由仪表盘上的风扇吸入的热量被制冷剂吸收,从而降低了被重新送入车内的空气的温度。

舒适的驾驶体验

空调运行原理速成班

1 风扇
按下空调键时,风扇只会吹出室温的风。

2 压缩机
压缩机压缩制冷剂,为其增压并提高温度。

3 冷凝器
高压热空气被压进一系列螺旋管,由风扇降温后变为液体。

4 过滤
接收器清除制冷剂中的冰晶体和湿气后再将制冷剂送入膨胀阀。

5 加压
向制冷剂加压可使其从液体变为气体。

6 膨胀与吸收
仍在移动的制冷剂恢复到气体状态,吸收由风扇带来的热量。

7 冷气
被冷却的空气随后通过空调风扇进入汽车内部。

8 循环继续
制冷剂再次被送入压缩机,不断重复上述流程。

原来如此：85 个科学问题

我们是如何获得实时交通信息的？

现代卫星导航系统如何帮助人们获得最新的交通信息？

卫星导航系统面世时，它们的作用只是帮助人们从一个地方到达另一个地方。如今的卫星导航系统能提供实时交通信息，帮助人们了解道路上正在发生的情况。

大部分信息实际上是由正在移动的司机本人提供的。卫星导航系统内装有一个类似于 SIM 卡的小型移动设备，这个设备会把车辆的行驶速度及准确的地理信息发送到设备的总部。

除了上述数据，实时交通信息的来源也包括手机网络、电台报道及政府机构，政府机构可以通过大量的摄像头及道路感应设备收集信息。上述设备使用雷达或主动红外扫描探测车辆密度及速度，再将结果传回服务器。结合多种数据来源后，我们就能明确哪里出现堵车，哪里的交通依旧通畅。

获取实时交通信息也可以用于为司机制定更快、更通畅的路线。一旦路线确定，路线信息会直接传送到卫星导航系统；司机可以选择其他路线以节省时间，也可以坚持选择原定路线。

▼ 实时交通信息可用于为正在堵车的司机制定备选路线。

什么是逆向操舵？

为什么转向相反方向有助于转弯？

转弯时，摩托车手会短暂地向相反方向转弯。这种被称为逆向操舵的方法，是高速状态下更安全的转弯方法。

左转时，车手首先需要轻推左边的把手，让前轮向右转动。这让摩托车处于右转状态，不过因为车辆正在直线前进，所以这种转动是不稳定的。车轮与地面之间的摩擦导致车辆向相反方向倾斜，从而让车手和摩托车做好左转的准备。

减轻对左手车把的压力，摩托车就能安全、稳定地完成左转。倾斜的力度非常重要，不正确的转弯可能导致车手严重受伤。

～ 成为转弯大师 ～

车手如何平衡各种力度，保持平稳行驶？

角动量
转动的轮胎同时具有向前的角动量，除非受到外力，否则轮胎会保持速度和角度不变。

平衡的力度
为了让摩托车保持直立，推动其转弯的力度必须和抗拒转弯的力度均衡。

向心力
由轮胎和地面摩擦产生的向心力可以让摩托车转向车手希望的方向。

引力
倾斜角度过大，引力大于向心力时，可能导致摩托车倒向地面。

超级潜艇的工作原理是什么?

乘坐奢华潜艇,探索海底世界!

超级潜艇3号(SYS3)属于个人潜水用具,售价达到令人咋舌的160万英镑(约1400万人民币)。3名乘客可以同时乘坐SYS3,探索海平面以下超过300米的深海世界。

SYS3配有4个电子推进器。2个装在潜艇后部,2个装在侧面,使得潜艇可以朝各个方向移动。锂离子电池为推进器和潜艇操作系统提供电力,输出功率达到21.6千瓦。这些电力让潜艇无论在水下还是水面,最高速度可达每小时略高于5千米。

SYS3使用双操控杆,同时配备了"驾驶失知制动"按钮;每隔10分钟必须按下一次按钮,以防潜艇浮上水面。

探索海洋

哪些功能让SYS3在水下正常运行?

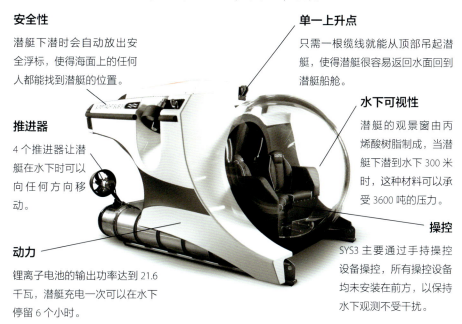

安全性
潜艇下潜时会自动放出安全浮标,使得海面上的任何人都能找到潜艇的位置。

推进器
4个推进器让潜艇在水下时可以向任何方向移动。

动力
锂离子电池的输出功率达到21.6千瓦,潜艇充电一次可以在水下停留6个小时。

单一上升点
只需一根缆线就能从顶部吊起潜艇,使得潜艇很容易返回水面回到潜艇船舱。

水下可视性
潜艇的观景窗由丙烯酸树脂制成,当潜艇下潜到水下300米时,这种材料可以承受3600吨的压力。

操控
SYS3主要通过手持操控设备操控,所有操控设备均未安装在前方,以保持水下观测不受干扰。

▼ 小轮车运动开始于20世纪70年代,2008年成为奥运项目。

小轮车为什么这么小?

小轮车袖珍结构的背后有什么秘密?

袖珍的小轮车重量更轻,在加速、做特技动作和跳跃动作时操控性更强。小轮车运动涉及速度和跳跃,所以骑手需要轻质且灵活的自行车,同时又要有足够的强度,可以承受跳跃后反复落地的压力。袖珍的结构使得骑手可以将车辆旋转360度,或者做出后空翻动作;低矮的车座也为骑手提供了更多做动作的余地。最后,骑手骑在小轮车上时的弓背动作能让身体更好地吸收振动,在表演神奇的特技动作时迅速改变重心。

原来如此：85 个科学问题

飞机可以更加环保吗？

未来的飞机，应该更轻、更环保、噪声更低！

在重新定义轻型客机的问题上，生物电子混合动力飞机（BEHA）堪称翘楚。

在降低成本的同时提供更安全的操控性，减少噪声和排放。

BEHA 的三台发动机中的一台是生物动力发动机，这台发动机可以为其他两台电动发动机提供动力，而 BEHA 仅靠生物动力备用发动机也能飞行。这种设计改善了飞机出现发动机失灵时的安全性。飞机表面的太阳能电池板可以使飞机获得更多动力，同时也能减少排放。

更重要的是，为了减少飞行时的噪声，BEHA 可以单靠电力完成起降，这使飞机即便在夜晚也能随时飞行。不过 BEHA 突破传统的不止动力系统，全部由碳纤维制成的机身在减轻了重量的同时也保证了足够的强度。

由于原型机仍处于研发阶段，所以短期内 BEHA 还不能翱翔天空。可对研发 BEHA 的 Faradair 公司来说，未来有无限可能。

走向环保的未来

为什么通过众筹方式打造的 BEHA 会是航空产业的新一代颠覆者？

动力
一台生物动力发动机为两台电动发动机供电。不过三台发动机均可独立使用，使得 BEHA 这种混合动力飞机可以拥有三台不同的备用发动机。

碳纤维复合材料机身
大量使用这种材料在保证机身强度的同时还减轻了重量。

机翼设计
三层机翼结构改善了空气动力性能，让飞机具备更强的上升力。

有人/无人驾驶能力
驾驶员遇到紧急情况时，远程控制能力有助于飞机更安全地飞行。

更高的安全性
如果三台发动机全部失灵，BEHA 也拥有优秀的滑翔能力。当滑翔也无法让飞机安全着陆时，BEHA 还配备有弹射降落伞系统。

太阳能
太阳能电池板可以帮助飞机在飞行途中或停在地面时及时充电。